COLLECTION PAUVERT DE LA CHAPELLE

INTAILLES ET CAMÉES

COLLECTION PAUVERT DE LA CHAPELLE

INTAILLES ET CAMÉES

DONNÉS AU

DÉPARTEMENT DES MÉDAILLES ET ANTIQUES

DE LA BIBLIOTHÈQUE NATIONALE

CATALOGUE

RÉDIGÉ PAR

M. ERNEST BABELON

MEMBRE DE L'INSTITUT

PARIS

ERNEST LEROUX, ÉDITEUR

28, RUE BONAPARTE, 28

1899

PRÉFACE

Il n'est pas tout à fait exceptionnel, — heureusement pour les musées publics, — d'apprendre qu'un amateur d'objets d'art a légué à l'État, en mourant, les collections qu'il avait formées de son vivant, qui avaient été sa joie et son orgueil, l'objet constant de sa sollicitude et pour lesquelles, souvent, il s'était privé des plus légitimes jouissances. Un tel acte de patriotique désintéressement, que nous devons honorer comme l'une des plus nobles inspirations de l'âme humaine, vient pourtant, au point de vue de l'analyse psychologique, au second rang par rapport à une autre manifestation de même nature : c'est l'acte par lequel un amateur abandonne sa collection à un musée public, de son vivant, librement et sans arrière-pensée d'aucune sorte. Il y a, dit-on, des degrés dans la vertu ; il y a aussi, on en conviendra, une nuance appréciable entre priver ses héritiers et se priver soi-même. Passer une partie de son existence à rassembler des objets d'art parce qu'on les affectionne par dessus tout et qu'on a le goût et la passion du beau et de la curiosité, aimer à contempler, à toucher chaque jour ces précieux bibelots dont on connaît le prix, l'origine, l'intérêt, le degré de rareté, vivre avec eux et en faire comme une portion de soi-même; puis, un beau jour, mû par l'esprit de sacrifice et de dévouement à la chose publique, se défaire de tout cela, briser avec son passé, rompre avec ses souvenirs, sacrifier ses jouissances pour les livrer aux autres, faire profiter tout le monde de sa longue expérience : voilà qui est peu ordinaire, dépasse le niveau habituel des efforts généreux, mérite en un mot d'être signalé comme un trait caractéristique de l'élévation supérieure des sentiments.

C'est ce qu'accomplit le duc de Luynes en faveur du Cabinet des Médailles, lorsqu'en 1862 il donna les admirables séries de médailles et d'antiquités qu'il avait mis tant d'années et d'efforts à rassembler, et dont il était, mieux que tout autre, à même d'apprécier et de faire valoir la haute valeur scientifique. Il en fit don au Cabinet des Médailles, « afin, dit-il avec une noble simplicité, que mes collections soient acquises pour toujours à mon pays et qu'elles puissent dès maintenant servir à tous. » C'est un nouveau trait de la même générosité de sentiments, quoique dans une proportion plus modeste, que nous avons l'agréable devoir de signaler aujourd'hui à l'admiration des savants et des artistes. S'inspirant de l'exemple du duc de Luynes, M. Oscar Pauvert de La Chapelle vient d'abandonner au profit du Cabinet des Médailles la belle collection d'intailles et de camées antiques qui forme l'objet du présent Catalogue.

N'a-t-on pas souvent et bien justement vanté le désintéressement du célèbre collectionneur et bibliophile lyonnais Grollier, qui, au XVIe siècle, ouvrait son musée et sa bibliothèque à tous les curieux et chercheurs de son temps, et avait fait inscrire sur la couverture de ses livres cette aimable devise : *Grolerii et amicorum !* Cependant, dirons-nous, si Grollier communiquait d'une main si libérale tous les trésors qu'il avait amassés, du moins il veillait à ce que quoi que ce soit ne fût distrait de ses collections et il ne donnait rien à personne.

Ce fut pour moi, le 24 mars dernier, une surprise bien agréable de recevoir d'Italie la lettre suivante que je transcris, au risque de porter quelque atteinte à la modestie de celui qui l'a écrite :

« Sienne, le 22 mars 1899.

« Monsieur le Conservateur,

« Vous connaissez mon nom, Pauvert de la Chapelle, puisqu'il se trouve dans votre excellent volume sur les pierres gravées, à l'endroit où vous parlez des pierres qui portent des signatures d'artistes et du petit camée de Diodotos. Vous devez savoir que je possède une collection de pierres gravées antiques *di scavo,* comme on dit à Rome, si vous avez lu les *Souvenirs d'un vieux collectionneur*, écrits par mon pauvre ami, le comte Michel Tyszkiewicz, et publiés dans la *Revue archéologique*. J'ai fait cette collection en m'occupant, pendant mes longs séjours en Italie, de l'art antique du paganisme, de l'art chrétien du moyen âge et de la Renaissance. Il y a déjà longtemps que j'ai légué, dans mon testament, cette collection au Cabinet de France. Depuis le mois dernier, après la mort de mon cousin germain, qui s'occupait de mes affaires, et auquel je confiais mes pierres gravées lorsque je revenais dans la Péninsule, n'osant plus les faire suivre, de crainte de quelque accident fâcheux, j'ai pris la décision d'en faire don, sans tarder, au Cabinet de France.

« J'ai donc l'honneur de vous prier, Monsieur, de faire part de la décision que j'ai prise à Son Excellence M. le Ministre de l'Instruction publique, et de vous prier d'accorder une petite place, dans les vitrines du Cabinet qui est sous votre haute direction, à 167 petits objets d'art, à des amis qui ont fait mon bonheur depuis 1869, mais dont je crois qu'il est de mon devoir de me séparer, afin que les personnes intelligentes qui s'occupent sérieusement d'art antique et de glyptique, les puissent mieux connaître, les apprécier et en jouir. Il suffira, selon l'usage, de placer dans la vitrine une simple note : *Don de Pauvert de La Chapelle*.

« Ma collection fut transportée, la semaine dernière, à deux ou trois kilomètres de Sainte-Foy-la-Grande, dans la maison de campagne appelée Œnanthie, de M. André Pauvert de La Chapelle, qui s'occupe maintenant de mes affaires...

« Veuillez agréer, etc.

« J.-O. PAUVERT DE LA CHAPELLE.
« 19, via Sallustio Baudini, Sienne (Italie). »

La simplicité avec laquelle cette lettre est rédigée, la modestie naturelle qui s'en dégage, l'absolu désintéressement de celui qui l'a signée, ajoutent encore au mérite de l'acte qu'elle consacre. Je m'empressai d'en accuser réception à M. O. Pauvert de la Chapelle ; puis, après quelques formalités administratives nécessaires, je fus autorisé à partir pour Sainte-Foy-la-Grande (Gironde), afin de prendre possession de la collection si libéralement cédée au Cabinet des Médailles. En l'absence du donateur, fixé à Sienne, en Italie, je fus reçu à Sainte-Foy par son cousin, M. André Pauvert de La Chapelle, maire et conseiller d'arrondissement, qui, par l'empressement qu'il mit à m'accueillir et l'hospitalité aimable qu'il m'offrit, se fit, en quelque sorte, le collaborateur de son cousin dans sa généreuse détermination, et se créa ainsi des droits à une part de nos remerciements.

M. André Pauvert de La Chapelle me remit les boîtes, je devrais dire la glyptothèque, dans lesquelles étaient soigneusement renfermées les gemmes que M. Oscar Pauvert de La Chapelle avait confiées à sa garde. Muni du précieux dépôt, je repris le train de Paris, et la collection entrait au Cabinet des Médailles, pour n'en plus sortir jamais, le 17 avril dernier.

Dès le 6 avril précédent, M. l'administrateur général de la Bibliothèque nationale avait informé de la donation l'Académie des Inscriptions et Belles-Lettres où cette nouvelle reçut l'accueil le plus flatteur : M. L. Delisle fut chargé de transmettre à M. O. Pauvert de La Chapelle les félicitations de la savante Compagnie [1].

Ceci n'avait point été prévu par M. Pauvert de La Chapelle que cet honneur, et des notes parues dans divers journaux jetèrent dans le trouble et

1. Voyez : *Académie des Inscriptions et Belles-Lettres. Comptes rendus des séances de l'année 1899*, IVe série, t. XXVII, p. 211 à 213.

la confusion. De ce moment, il n'eût qu'une crainte, c'est que sa donation ne fît trop de bruit dans la presse, et que je me laissasse aller à faire trop d'éloges de sa collection et de l'acte par lequel il l'abandonnait à l'État. *Parvum parva decent*, ne cesse-t-il de me répéter dans ses lettres, en empruntant un mot à Horace, son auteur favori. Et il écrit à M. L. Delisle : « La lettre que M. Babelon voulut bien m'adresser et celle que vous avez eu la bonté de m'écrire m'honorent beaucoup plus que je ne le mérite. Je ne puis trop vous remercier, Monsieur, de votre bienveillance. Il est certain que depuis la fin de 1869, époque à laquelle je commençai à m'occuper sérieusement de glyptique (je ne possédais alors que le Discobole fragmenté, que j'ai longtemps porté au doigt [1]), il est positif que dès lors j'eus constamment la pensée de laisser au Cabinet de France tout ce qu'il me serait donné de recueillir avec mes faibles ressources. Il me semblait qu'un homme ne doit pas traverser ce monde sans s'efforcer d'y laisser quelque trace de son passage, quand même cette trace serait aussi légère et peu durable que le sillage d'une barque sur la mer ... La collection dont je fais don à la Bibliothèque nationale est sans aucun doute intéressante, mais c'est, comme je l'ai dit à M. Babelon, une collection d'étude, non de luxe ; ce qui signifie qu'elle ne saurait intéresser vivement que les personnes qui, aimant l'art réellement, ne dédaignent point les fragments, les pierres fragmentées, et comprennent bien que la glyptique, au lieu de ne tenir qu'une place secondaire dans le développement artistique de l'antiquité, marche de pair, au contraire, avec la sculpture... Veuillez, Monsieur, ne point exagérer l'importance de la collection. Je l'aime, vous l'aimerez aussi; mais elle est modeste. Ce n'est pas la collection d'un Crésus, mais uniquement celle qu'a pu faire, pendant près de quarante ans, en s'occupant de sculpture, de peinture, de vases peints, en lisant quelques classiques et aussi beaucoup la *Divine Comédie*, un petit propriétaire d'un coin de l'ancien Agenais qui fait maintenant partie du département de la Gironde... »

Et plus tard, quand j'annonce à M. Pauvert de La Chapelle que je me propose de faire imprimer le catalogue de sa collection, il redoute l'honneur qui lui peut revenir de cette publicité, et ne trouvant aucun moyen pour y échapper, il tâche du moins de le faire partager à d'autres : « Surtout, m'écrit-il en hâte, n'oubliez pas que je dois beaucoup de mes gemmes à Martinetti, à Alexandre Castellani et surtout au comte Michel Tyszkiewicz. »

M. O. Pauvert de La Chapelle, que je n'ai jamais eu le plaisir de rencontrer, me rappelle ce sympathique dilettante du XVIIIe siècle dont M. Gas-

1. C'est l'intaille montée en bague décrite ci-après, sous le n° 132.

ton Boissier trace un si vivant et si délicieux portrait dans ses *Nouvelles promenades archéologiques*, l'abbé Capmartin de Chaupy. Ce dernier, qui avait entrepris un voyage en Italie, à seule fin de rechercher l'emplacement de la maison de campagne d'Horace, se trouva tellement épris des beautés de Rome, captivé par la poésie des ruines et des souvenirs, qu'il ne put s'en arracher et n'en revint plus : « C'était, dit M. Boissier, un de ces amoureux de Rome qui vont pour y passer quelques mois et y restent toute leur vie. » Parti, à son tour, de Sainte-Foy-la-Grande vers la fin de 1852, pour un voyage à Rome, M. Pauvert de La Chapelle s'y attarda, s'y fixa. A peine si chaque année des liens de famille et des affaires matérielles peuvent l'arracher au beau ciel de l'Italie; au bout de quelques semaines passées à Sainte-Foy-la-Grande, au milieu des siens et de ses fertiles vignobles, il s'en retourne en hâte au-delà des monts pour vivre dans les musées et parmi les splendeurs de l'art et de la nature, dégagé de tout souci, dans la seule compagnie des plus belles productions que le génie humain ait enfantées et de quelques classiques favoris qu'il connaît par cœur.

De rares amis, capables de comprendre comme lui le passé, l'art et la nature, sont, avec les marchands d'antiquités, sa seule fréquentation. Paul Bourget, qui le rencontra un jour à Sienne, fut frappé de sa physionomie qui, si j'en juge d'après une photographie, est bien celle d'un homme d'un autre âge : on dirait un contemporain du Bramante et de Savonarole. Je me suis laissé dire que c'est à M. Pauvert de La Chapelle que le délicat écrivain emprunte, en partie, les traits d'un de ses héros dont il trace hâtivement un portrait où certaines nuances sont forcées, sans doute, mais qui ne manque ni de saveur ni d'originalité. Il l'appelle le sire de La Rochette :

« Imagine-toi, dit-il, un vieillard tout frêle, tout menu, avec une face aussi émaciée que celle d'un saint Bernardin de fresque, habillé de noir l'été comme l'hiver, avec une redingote râpée, élimée, transparente, mais sans une tache, et toujours, été comme hiver, un pardessus au bras, en vieux Romain qui redoute la tramontane et les passages du soleil à l'ombre. Coiffe ce personnage d'un chapeau à haute forme en drap d'un noir mat, mets-lui aux mains des gants de drap, d'un noir mat aussi... Tu aurais le bonhomme, si je pouvais te rendre le feu de ses prunelles bleues, le pli méprisant de sa bouche, et, — cela ne se traduit pas avec des mots, — répandu sur toute sa personne, cet orgueil du connaisseur pauvre qui a dans sa poche trente ou quarante pierres antiques, dont la moindre vaut cinq mille francs. Mais elles ne sont pas à vendre ! Et mon La Rochette déjeune au café *Greco*, par économie, d'une tasse de café et d'une flûte de pain, qui, moyennant quatre sols, le conduiront jusqu'à six heures. A ce moment là, une table d'hôte, à vingt sous par tête, le voit s'asseoir parmi de pauvres prêtres et des pèlerins au rabais. Ceux-ci ne soupçonnent guère qu'ils ont à côté d'eux le plus fin connaisseur, peut-être, en objets d'art qui soit dans toute l'Europe... [1] »

Ici, du moins, Paul Bourget dit vrai : la réputation de fin connaisseur que s'est acquise M. Pauvert de La Chapelle est universelle en Italie. Il reste seul des trois grands arbitres que, depuis quarante ans, l'on invoquait dans tous les cas difficiles : Alexandre Castellani, le comte Tyszkiewicz et lui. Tous trois, sans cesse à l'affût des découvertes, se consultant, se communiquant leurs impressions et leurs trouvailles, étudiant en détail les monuments, furetant chez tous les marchands, on avait pris l'habitude de les considérer comme les maîtres de la critique, pour les jugements toujours si délicats à porter sur l'authenticité des gemmes gravées en creux ou en relief, sur les tableaux attribués aux grands maîtres des XVe et XVIe siècles, les statues, les bronzes, les antiques de toute sorte. Ensemble, ils couraient les boutiques des antiquaires romains, chez Martinetti, chez Depoletti, chez Capobianchi, chez Vitalini, chez Abati, dans les petites échoppes de la piazza Montanara. Parfois, ils se trouvaient en concurrence pour un objet que les trois amis convoitaient avec le même feu dans les yeux, le même silence éloquent, la même fièvre au bout des doigts ; mais on s'arrangeait toujours à l'amiable, on se faisait des concessions réciproques, on rivalisait même de générosité. Que de fois, dans ses courses à travers les rues tortueuses de la Rome papale, le plus érudit d'entre eux, M. Pauvert de La Chapelle, a dû redire ces vers d'Horace qu'il connaît si bien :

.....Olim me quaerere amabam
Quo vafer ille pedes lavisset Sisyphus aere

1. Ce portrait de M. Pauvert de La Chapelle par notre spirituel et profond romancier serait, me dit-on, très ressemblant s'il n'était un peu chargé. M. Pauvert de La Chapelle me pardonnera de n'avoir pas résisté à la tentation de le reproduire. Mais pourquoi faut-il que M. Paul Bourget ait attribué à son héros La Rochette, à propos de l'acquisition d'un tableau, des procédés de flibustier tout à fait étrangers aux habitudes et aux principes de M. Pauvert de La Chapelle ? Le romancier, visant à l'effet, a dramatisé le rôle de son héros ; ce rôle est, sans doute, celui d'un bon nombre d'antiquaires, mais M. Pauvert de La Chapelle l'a précisément toujours sévèrement blâmé et réprouvé. Il écrit même à M. Delisle dans sa lettre du 2 avril : « ...Je vous ferai observer que je n'ai jamais approuvé les moyens peu délicats dont se servent tous les antiquaires et beaucoup d'amateurs pour obtenir les objets qu'ils désirent. *Non partirsi dal bene, potendo ; ma saper entrare nel male, necessitato :* cette horrible maxime de Machiavel joue un grand rôle dans le commerce des objets d'art. Notre grand Pascal a écrit : *on ne doit pas faire le moindre mal pour faire réussir le plus grand bien.* » (Voyez Paul Bourget, *Recommencements*, chapitre intitulé : *L'adoration des Mages* ; cf. *Acad. des inscript. et belles-lettres. Comptes rendus des séances de 1899*, p. 213.)

Quid scalptum infabre, quid fusum durius esset
Callidus huic signo ponebam millia centum[1].
(Hor., *Serm.*, II, *Sat.*, 3, v. 20 et s.)

Les deux boutiques de Rome que M. Pauvert de La Chapelle se plaisait le plus à explorer étaient celles de Francesco Martinetti, un fin connaisseur, et d'Abati, dont le nom revient souvent dans notre *Catalogue* (voyez ci-après les nos 73, 82, 92, 94, 105, 107, 110, 111, 131, 133, 135, 136, 150, 156). « L'antiquaire Abati, raconte Tyszkiewicz, s'occupait exclusivement de camées et d'intailles. Il était vraiment connaisseur et ne manquait pas de goût. Son défaut, comme commerçant, était d'être plutôt amateur que marchand; aussi ne consentait-il à vendre que peu et se trouvait-il souvent gêné. Alors, ayant envie d'une belle intaille, il était obligé de vendre secrètement à un confrère, pour la moitié du prix qu'il avait refusé d'un voyageur, quelque belle pierre de sa collection. Ce n'est qu'à sa mort que ses trésors ont été dispersés par des héritiers ignorants, qui firent vendre les gemmes aux enchères, par lots de dix à vingt pièces assorties *suivant leurs dimensions.* On se figure les bonnes acquisitions que l'on fit à cette vente singulière, où tout fut donné plutôt que vendu. Mon ami, M. Pauvert de La Chapelle, le plus fin connaisseur de gemmes que j'aie encore rencontré, sut choisir et bien choisir; il eut encore la chance qu'un certain nombre de lots étant restés invendus, il lui fut permis d'y prendre les pierres qui lui convenaient, à tant la pièce. De cette exécution, il n'échappa que deux bonnes pierres, que les héritiers voulurent garder en souvenir du défunt; quelques années après, les mêmes héritiers les vendirent à M. Pauvert de La Chapelle, à un prix dérisoirement bas[2]. »

Il y avait encore deux autres marchands que Tyszkiewicz et son ami avaient plaisir et profit à fréquenter : c'étaient les Checco, qui, bien que portant le même nom et se ressemblant sous plusieurs autres rapports, n'avaient aucun lien de parenté. L'un était portier-jardinier de la villa du prince Massimo, l'autre était marchand de tabac, place Barberini. Leur histoire est plaisante : ils avaient pour spécialité de s'être attiré la clientèle des paysans de la campagne romaine, qui portaient chez eux, chaque

1. Jadis je distinguais, parmi de vieux objets,
Le bassin où Sisyphe avait lavé ses pieds,
Ce qui sans art était sculpté, coulé trop rude.
Fin connaisseur, d'un bronze après un peu d'étude
Je donnais jusqu'à cent mille sesterces...

2. Tyszkiewicz, *Souvenirs d'un vieux collectionneur* dans la *Revue archéologique,* t. Ier de 1896, pp. 11-12.

dimanche, toutes les petites antiquités qu'ils avaient trouvées dans la semaine en travaillant à leurs vignes, à leurs cultures maraîchères ou en labourant leurs sillons. Écoutons encore le comte Tyszkiewicz :

« A la villa Massimo, en face de Saint-Jean-de-Latran, habitait un certain Checco, portier de la villa. Ce petit vieux se promenait chaque matin dans les vignes voisines, étant en relations amicales avec tous les vignerons et leurs ouvriers : on lui vendait pour quelques sous les trouvailles qui venaient d'être faites, et tous les jours on pouvait venir chez lui, sûr de trouver des pierres gravées ou des médailles. Le bonhomme n'avait aucune connaissance de la valeur des objets, mais il avait du goût et de la chance; son heureux instinct le poussait sans cesse à acheter d'excellentes pierres. Il les revendait à fort bon marché, tout en y trouvant son compte; aussi, sa porte était-elle assiégée par les antiquaires de Rome, dont il fut longtemps le fournisseur. Ensuite, les amateurs le découvrirent et lui payèrent des prix auxquels il était peu habitué; il finit alors par mettre de côté les meilleures trouvailles et ne les montra aux marchands qu'après les avoir fait voir aux amateurs.

« Il y avait un autre Checco, digne pendant de son homonyme. Il tenait un débit de tabac à la Piazza Barberini; comme Checco Ier, il courait les vignes hors les murs de la ville et avait pour fournisseurs les campagnards qui, le dimanche, venaient acheter des cigares chez lui. Lui aussi avait la spécialité des belles pierres; il en avait d'excellentes à vendre toutes les semaines. C'est de lui que M. Pauvert de La Chapelle obtint le camée signé *Diodote* [1] et plusieurs intailles de toute beauté.

« La mort enleva les deux Checco à peu de temps l'un de l'autre, et avec eux les pierres gravées disparurent du commerce de Rome [2]. »

Ne se croirait-on pas, quand on lit de tels détails, transporté au temps de Pétrarque où les choses se passaient de la même manière, les antiquaires allant chercher, chez les paysans et les vignerons, les médailles ou les pierres gravées que la bêche ou la charrue ramenaient sur le sol! Je ne saurais résister au plaisir de citer, à ce propos, un passage d'une lettre de Pétrarque racontant lui-même qu'il prenait plaisir à acheter les pierres gravées et les médailles que lui apportaient les vignerons de la campagne romaine : *Sæpe me vineæ fossor Romæ adiit gemmam antiqui temporis aut aureum argenteumque nummum manu tenens, nonnunquam rigido*

1. Voyez ci-après notre *Catalogue* n° 163. Le camée signé de Diodote fut vendu par Checco II (*il tabaccario*), à Francesco Martinetti à qui M. Pauvert de La Chapelle l'acheta peu de jours après.

2. Tyszkiewicz, dans la *Revue archéologique*, t. Ier de 1896, pp. 12-13.

dente ligonis attritum, sive ut emerem, sive ut insculptos eorum vultus agnoscerem[1].

Avec des hommes aussi attentifs à toutes les découvertes, aussi passionnés pour leurs collections, aussi désireux de scruter l'origine de chaque objet apporté chez l'antiquaire, il n'y a rien d'étonnant à ce que les anecdotes, parfois les légendes, fourmillent dans l'histoire de ces monuments et dans les péripéties par lesquelles ils ont passé. Chaque gemme de M. Pauvert de La Chapelle a son histoire, son état civil, je dirai presque ses aventures, parfois comiques, parfois tragiques. L'une d'elles, notre n° 92, appartenait à Abati qui en était justement fier et la montrait comme un joyau précieux dont la mort seule pourrait le détacher. Mais voilà qu'un jour Abati lui-même, nettoyant la poussière de ses tiroirs, jeta par mégarde la belle cornaline par la fenêtre de son logement dans la rue. De là, la déplorable cassure qui la dépare et l'absence d'un petit fragment. Un frisson d'effroi parcourut la foule des amateurs de Rome à cette nouvelle; quelques-uns eussent pris volontiers le deuil. Heureusement qu'Abati, avant l'accident, avait fait exécuter un moulage qui nous conserve l'image fidèle de la gemme quand elle était encore intacte.

Notre n° 78, l'archer de Samos, a aussi son histoire qui, pour n'être pas tragique, mérite néanmoins qu'on la rapporte. Voici ce que m'écrit à son sujet M. Pauvert de La Chapelle :

« Un gros homme de l'Orient vint à Rome. Il fit prier Martinetti de passer à son hôtel pour voir des bronzes, des tapis. Je suivis mon brave antiquaire. Nous fûmes obligés de recourir à un interprète, un autre Oriental : « Demandez à cet homme, dis-je à l'interprète, s'il a des pierres gra- « vées. » On ouvre une malle crasseuse ; on en tire une bourse plus crasseuse encore, et l'on verse sur la table un nombre considérable de pierres. Parmi ces pierres qui ne valaient rien, je découvris sans peine le scarabéoïde en cristal de roche, l'archer. L'Oriental m'affirma qu'il l'avait acheté dans l'ile de Samos : c'est le père de l'archer d'Égine. »

Alessandro Castellani, à qui les grandes collections de l'Europe, le Musée britannique en particulier, sont redevables de tant de beaux antiques, surtout en fait de pièces d'orfèvrerie, mourut en 1884, et la dispersion aux enchères publiques, à Paris et à Rome, des dernières séries d'antiquités qu'il avait rassemblées, fut un véritable événement dans l'histoire de la curiosité et de l'archéologie contemporaines[2]. Plusieurs de ses

1. Pétrarque, *Epistolæ de rebus familiaribus*, XVIII, 8; P. de Nolhac, *Pétrarque et l'humanisme*, p. 265.

2. Le catalogue des collections laissées par Alessandro Castellani a été rédigé par

gemmes prirent place dans la glyptothèque de M. Pauvert de La Chapelle et nous les retrouvons dans notre *Catalogue*, sous les n°s 68, 80, 106, 119.

Le comte Tyszkiewicz est mort, à son tour, l'année dernière et la magnifique série de camées et d'intailles qu'il avait rassemblée fut achetée, après son décès, par M. Perry Warren. Il avait, avant d'expirer, voulu laisser deux de ses gemmes à M. Pauvert de La Chapelle ; celui-ci par délicatesse refusa d'accepter ce cadeau *in extremis*. Mais après la mort de Tyzskiewicz, son fils, le comte Joseph Tyszkiewicz, insista si gracieusement, que M. Pauvert de La Chapelle dut accepter ces deux belles pierres (n°s 34 et 74), dont le Cabinet des Médailles se trouve ainsi hériter aujourd'hui [1].

Peut-être la disparition de ses deux amis n'a-t-elle pas été sans influence sur la détermination qu'a prise M. Pauvert de La Chapelle de donner ses collections à l'État français. Ayant quitté Rome depuis que les ingénieurs ont entrepris de faire de cette vieille capitale une ville moderne et cosmopolite, aux larges boulevards bordés de maisons à six étages, il s'est fixé à Sienne, ville étrusque, où l'on parle l'italien classique et dont le site incomparable et les monuments sont demeurés ce qu'ils étaient au temps où cette république pouvait rivaliser avec Pise et Florence elle-même. Rome où il retourne seulement de temps à autre, n'offre plus guère d'aliment à sa passion des pierres gravées antiques : on n'en trouve plus, dit-il, ou plutôt, les antiquaires qui les recherchaient étant morts, Rome a cessé d'être le centre du marché.

« Il est entendu maintenant, m'écrivait récemment avec un accent d'amertume, M. Pauvert de La Chapelle, que l'on ne doit plus songer à faire une collection de pierres gravées. Rome ne donne plus rien, cette pauvre Rome que les Italiens ont abîmée et qui perd tous les jours de son importance artistique. Les anciennes collections ont disparu... Il faut se résigner et se contenter de ce que l'on a pu recueillir jusqu'à présent... Si ce que vous

M. W. Frœhner, en deux parties correspondant aux deux ventes qui furent faites à Rome et à Paris : *Catalogue des objets d'art antiques, du moyen âge et de la Renaissance, dépendant de la succession Alessandro Castellani, et dont la vente aura lieu à Rome, du lundi 17 mars au jeudi 10 avril 1884* (Hoffmann et Mannheim, experts), 1 vol in-4°. — *Catalogue des objets d'art antiques*, etc.., *et dont la vente aura lieu à Paris, du lundi 12 mai au vendredi 16 mai 1884*, 1 vol. in-4°.

1. Sur les collections du comte Michel Tyszkiewicz, on doit consulter surtout deux ouvrages de M. W. Frœhner. Le premier est un recueil de grand luxe intitulé : *La collection Tyszkiewicz* (Munich, 1893 et 1894, in-fol., avec pl.). Le second est le catalogue de vente intitulé : *Collection d'antiquités du comte Michel Tyszkiewicz. Vente aux enchères publiques, par suite de décès, à Paris, du mercredi 8 juin au vendredi 18 juin 1898* (Rollin et Feuardent experts). Paris, 1898, in-4°.

appelez mon trésor vous fait, comme je l'espère, une impression favorable, il me sera bien permis de m'écrier : *Quis me est fortunatior, venustatisque adeo plenior ?* »

A Rome pourtant, il rencontrera encore quelques illustres collectionneurs d'antiques, comme Auguste Dutuit et le sénateur baron Giovanni Barracco. Mais des amateurs de pierres gravées, il ne reste personne : marchands et collectionneurs, tous sont brusquement descendus dans la tombe, ne laissant à M. Pauvert de La Chapelle que la douce mélancolie des souvenirs.

Avec une entière expansion, dans une autre lettre, il me livre toute son âme, ses regrets superflus, les jouissances à jamais disparues qui ont rempli la moitié de son existence d'artiste et d'amateur : « L'Italie, dit-il, n'est plus ce qu'elle était avant la révolution.... Rome papale et Rome capitale du royaume sont deux choses bien différentes. La poésie s'en va et je crois que si tous les Italiens étaient sincères ils regretteraient le passé. Ils le regrettent bien quand ils disent : *Si stava meglio quando si stava peggio.* L'Italie n'avait besoin, pour marcher comme il faut, que de mettre les Autrichiens à la porte. Je viens en Toscane non seulement parce que le séjour de Rome n'a plus le charme d'autrefois, mais aussi beaucoup à cause de la langue qu'on ne parle réellement bien qu'en Toscane, surtout à Sienne, la vieille ville moyen âge, et encore mieux peut-être à Pistoie. J'irai à Rome après les vacances, à cause de la campagne qui, alors, est d'une grande beauté, plus belle cent fois qu'au printemps. Si je m'y ennuie, je monterai à Tivoli, à l'hôtel de la Sibylle où je suis parfaitement tranquille et lis mes auteurs favoris, sous le portique du ravissant petit temple rond, en entendant le bruit des cascades. La villa d'Horace n'est pas fort loin de Tivoli. J'ai passé de bons moments à Licenza et l'*Ustica cubans* n'a pas de secrets pour moi. Florence, ma belle Florence a perdu aussi ; ce n'est plus la Fiorenza ou Firenze granducale. En somme, je plains de tout mon cœur ceux qui n'ont pas connu la vieille Italie, et je regrette et pleure le passé. »

Ces confidences, dont je trahis l'intime abandon, font connaître l'homme intérieur, son âme poétique et sentimentale, nous dévoilent l'irréductible dédain que ce philosophe professe pour l'ignorance, qui ne sachant ni admirer ni comprendre, se transforme inconsciemment en aveugle vandalisme. Elles nous font surtout comprendre de quel courage véritable a dû s'armer cet amateur érudit qui se dessaisit, en faveur de la France, d'une collection de joyaux recherchés avidement et amassés pour sa jouissance intime, un à un, depuis quarante années, comme le trésor d'un avare. Ces *amis qui ont fait son bonheur* jusqu'ici, il s'en sépare pour augmenter nos richesses nationales, pour faire jouir de leur étude et de leur fréquentation les amateurs, les artistes, les savants. Par cet acte d'abnégation et de généreux désintéressement, M. Oscar Pauvert de La Chapelle s'est conquis une place distinguée parmi les Mécènes de notre temps.

II

La collection Pauvert de La Chapelle forme, dès à présent, au Cabinet des Médailles, un fonds à part, portant le nom du donateur et exposé dans une vitrine spéciale. Elle comprend un choix de 167 pierres gravées antiques, se répartissant en cylindres chaldéo-assyriens, perses et hétéens; cachets conoïdes orientaux; intailles lenticulaires de l'époque mycénienne; scarabées et scarabéoïdes égyptiens, phéniciens, sardes, cypriotes, grecs et romains, ayant, pour la plupart, servi de chatons de bagues et de cachets sigillaires. Telle est la sûreté du goût, la compétence et la sévérité de la critique qui ont présidé à la formation de cet ensemble, qu'il ne nous serait pas possible d'y signaler une gemme comme insignifiante, vulgaire ou d'une authenticité quelque peu problématique. Pas un morceau qui ne sorte de la banalité et ne puise un intérêt exceptionnel, soit dans l'originalité du sujet, soit dans la beauté artistique de la gravure.

Hâtons-nous d'observer que les planches qui accompagnent notre *Catalogue* ne donnent, en dépit du soin avec lequel elles ont été exécutées, qu'une idée très imparfaite de l'intérêt et de la beauté de la plupart de ces gemmes. Comme l'a fort justement fait remarquer M. W. Frœhner en décrivant la collection Tyszkiewicz [1], les finesses du travail de gravure sont nécessairement affaiblies dans la phototypie ou l'héliogravure qui ne peuvent, d'ailleurs, être exécutées que d'après les empreintes des intailles et non directement d'après les originaux. Pour être appréciés comme ils le méritent, ces minuscules objets doivent être tenus en main, regardés à la loupe et, parfois, par transparence. C'est alors qu'on voit les figures ou les scènes qui y sont reproduites, grandir comme par enchantement et prendre les imposantes proportions et la majesté de la grande sculpture; souvent même la perfection du travail de glyptique se trouve rehaussée par le chatoiement des couleurs, l'éclat et la translucidité de la gemme.

La pièce de la collection que je préférerais peut-être si j'étais forcé de choisir parmi ces joyaux, est le petit camée n° 163, qui représente une tête

1. W. Frœhner, *La collection Tyszkiewicz*, texte de la pl. XXIV.

de Méduse, avec la signature de l'artiste Diodotos. Cet admirable profil de jeune femme au type grec, les yeux chastement baissés, la tête un peu inclinée en avant, ces mèches de cheveux dont le délicat arrangement paraît un abandon naturel et dans lesquelles se jouent des serpentaux, ces ailerons sanguinolents sur ce fond laiteux, la pure matière et le travail exquis, l'harmonie et le contraste des tons et des nuances, tout contribue à faire de cette petite gemme un des chefs-d'œuvre de la glyptique antique. Nous en avons raconté l'histoire et nous savons dans quelles circonstances M. Pauvert de La Chapelle en devint l'heureux possesseur.

L'artiste Diodotos, qui vivait sans aucun doute dans le siècle d'Auguste, était l'un de ces Grecs, émules de Dioscoride, Solon, Aspasios, Pamphilos, Evodos et quelques autres, qui mirent leur génie au service des patriciens romains, lorsque ceux-ci, éblouis par les richesses étalées à leurs yeux dans les triomphes de Lucullus, de Pompée et de Jules César, ne rêvèrent plus qu'imiter l'Orient, attirer et transplanter dans Rome, avec les chefs-d'œuvre de la Grèce, les derniers représentants de ses écoles artistiques. Le camée de M. Pauvert de La Chapelle est le seul monument qui ait gardé le nom de Diodotos et qui nous donne une idée du merveilleux talent de cet artiste. D'après cela, il faudra désormais songer à lui, aussi bien qu'à Dioscoride et à quelques autres dont les noms ont été mis en avant, pour l'attribution des plus belles œuvres anonymes qu'a produites la glyptique du Ier siècle. Ne semble-t-il pas étonnant que Diodotos, en gravant une tête de Méduse de profil, les traits calmes, les yeux baissés, ait exactement traité le même sujet que trois ou quatre autres graveurs, ses contemporains? Il nous est, en effet, parvenu plusieurs têtes de Méduse, les unes signées, les autres anonymes, toutes gravées au Ier siècle, remarquables par leur style et répondant à la même donnée que celle que nous avons sous les yeux. Faut-il croire que les lithoglyphes de ce temps, Diodotos, Solon, Pamphilos, Sosos [1] et d'autres, luttèrent à l'envi pour reproduire, sur la demande des amateurs, un chef-d'œuvre de sculpture tel que la Méduse Rondanini ou quelque autre? Ou bien, devons-nous admettre que ces artistes, pareils à ceux d'à présent, concoururent à l'envi, sur un thème qui leur aurait été assigné d'avance? Cette dernière hypothèse, en dépit de la modernité de l'usage, n'a rien qui nous choque et la rende invraisemblable : les médailles de Syracuse au IVe siècle offrent déjà des exemples de concours analogues.

1. Plusieurs de ces signatures, gravées en intaille, à côté de têtes de Méduse, ont été considérées comme fausses et ajoutées par des artistes de la Renaissance (Furtwaengler, dans le *Iahrbuch des deutsch. kais. archaeol. Instituts,* t. III et IV, 1888 et 1889). Ce n'est pas ici le lieu de revenir sur cette délicate question.

Outre le camée de Diodote, la collection Pauvert de La Chapelle nous fournit plusieurs autres signatures d'artistes.

L'intaille n° 126 est un remarquable fragment de masque bachique avec la signature d'Hyllus, l'un des fils de Dioscoride, déjà connu par quelques autres gemmes signées ; des différences dans la forme des lettres, dont les jambages sont, ici, comme tracés d'une main hésitante, épais et allongés en pointe, tandis que sur d'autres gemmes ils sont grêles, déliés et terminés par de petits globules, ont donné à penser qu'il y avait deux graveurs différents portant ce même nom d'Hyllus. Cette hypothèse n'est pas suffisamment justifiée. On sait que Dioscoride avait deux autres fils, Hérophile et Eutychès qui furent aussi de fort habiles graveurs de gemmes : leurs signatures respectives offrent de semblables anomalies.

Le buste de femme voilée, n° 158, n'est plus qu'un débris, mais il est rendu bien intéressant par la signature du graveur Sostratos. Les circonstances de la trouvaille ne permettent pas de douter de l'authenticité de cette signature; elle a d'autant plus d'importance que le nom de Sostratos ne nous était jusqu'ici authentiquement révélé que par un camée de Naples de l'ancienne collection de Laurent de Médicis. Sur deux autres camées, de Londres et de Berlin, la signature de cet artiste a été ajoutée, croit-on, par un graveur du XVIe siècle.

Le n° 159 est un fragment moindre encore, qui ne contient plus qu'une portion de vêtement : il est impossible d'avoir quelque idée du sujet. Il fallait l'ardente passion de M. Pauvert de La Chapelle pour prêter quelque attention à ce minuscule éclat; il fallait son œil pénétrant et sa perspicacité pour reconnaître, à côté de ce lambeau de draperie, le nom du graveur Apollonios, signature qui nous rend si précieux ce misérable et informe morceau de cornaline.

Le fragment n° 162 a, sur celui qui précède, l'avantage de représenter une scène qui peut être reconstituée avec certitude. C'est une pâte de verre signée du graveur Aulus, fils d'Alexas. Pour donner une idée de l'enseignement que comporte la présence de cette signature, nous rappellerons qu'avant la découverte de M. Pauvert de La Chapelle, l'authenticité de la pâte de verre du Musée britannique ou, au moins, de la signature qu'elle porte, avait paru suspecte aux meilleurs juges : la voilà, désormais réhabilitée sans contestation possible et d'une manière bien inattendue.

La petite série d'intailles lenticulaires (n°s 1 à 6), qui appartiennent à la civilisation primitive de la Crète et des îles de l'Archipel et qu'on désigne sous le nom de *mycénienne,* est un choix des plus heureux[1]. Dans l'intaille

1. Comparez en particulier : G. Perrot et Ch. Chipiez, *Histoire de l'art dans l'anti-*

n° 1, qui représente deux taureaux opposés l'un à l'autre par les jambes, les articulations bouletées des membres de ces animaux nous font, pour ainsi dire, toucher du doigt les procédés techniques de la glyptique primitive, gravant les pleins à l'aide de l'instrument qu'on appelle encore la *scie*, et forant les articulations, les nodosités et en général les saillies à l'aide de la *bouterolle* ou *trépan.*

Les nos 3 et 4 nous montrent des espèces de bouquetins sauvages d'un admirable modelé, exécutés avec une science anatomique à laquelle la nature avait déjà livré tous ses secrets. En même temps, quelle étrangeté dans cette contorsion donnée au corps des animaux! Ne dirait-on pas que l'artiste s'est posé en virtuose et fait un jeu de désarticuler les êtres qu'il voulait représenter, comme pour montrer son habileté de main et la merveilleuse souplesse de son talent? D'autres graveurs, comme celui du n° 5, se sont parfois amusés à souder ensemble, à greffer les uns aux autres, des membres appartenant à des personnages ou à des animaux multiples : on dirait qu'ils ont copié inconsciemment de vrais tableaux où étaient figurés, sur des plans différents, des hommes, des quadrupèdes, des oiseaux, ou d'autres animaux, de sorte que l'enchevêtrement et le mariage des têtes et des membres ont donné, dans la copie du lithoglyphe, naissance à des animaux fantastiques, comme la Chimère, Cerbère ou le Minotaure qui, plus tard, ont pris place dans le panthéon hellénique [1].

La collection Pauvert de La Chapelle nous offre aussi un choix remarquable de cylindres (nos 7 à 18) et de cachets conoïdes (nos 19 à 23), produits des antiques civilisations de l'Asie antérieure. Remarquez la beauté artistique du n° 7, la vigoureuse et souple musculature des lions et des taureaux. Le n° 14 est-il hétéen ou chaldéen? on sait que la double série d'annelets qui sépare les deux rangées d'animaux a été signalée comme caractéristique des cylindres hétéens où elle revêt particulièrement la forme d'entrelacs. Il n'y a plus de doute pour le n° 15, à cause de l'originalité du costume des personnages : la scène, que nous nous sommes appliqué à décrire dans les plus infimes détails, est aussi curieuse qu'étrange et nous sommes évidemment là, en présence d'un épisode important de la mythologie hétéenne. En connaîtrons-nous jamais le sens et l'explication? Les lions perses du cylindre n° 18 sont superbes d'allure et d'expression, et dignes de rivaliser

quité, t. VI, p. 847 et suiv.; Furtwaengler, *Beschreibung der geschnittenen Steine in Antiquarium zu Berlin*, pl. I; *British Museum*, *Catalogue of engraved Gems*, pl. I.

1. Ch. Clermont-Ganneau, *L'imagerie phénicienne et la mythologie iconologique chez les Grecs* (Paris, Leroux, 1880, in-8), p. XVII et suiv.; Milchhoefer, *Die Anfænge der Kunst in Griechenland* (1883), chap. II, p. 39 et suiv.

avec ceux des plus belles sculptures de Suse ou de Persépolis, leurs contemporains.

Le cachet conoïde n° 19 qui représente deux *Keroubim* en adoration devant l'arbre de vie, offre une particularité rare sur les monuments assyro-chaldéens : c'est la triade divine, Anu, Bel, Ea, planant dans le ciel et recevant la prière des chérubins. Nous avons proposé conjecturalement d'attribuer à l'art lycien le n° 22, à cause du *diquetrum* qu'on voit souvent sur les monnaies des dynastes lyciens du VIe au IVe siècle; il faut peut-être aussi donner à la Lycie le scarabéoïde n° 44. L'art lycien, si avancé dans cette période et qui nous a laissé de si beaux monuments de sculpture, tant d'inscriptions et de médailles, n'a pu ignorer la glyptique : au surplus, la collection du comte de Gobineau renfermait au moins une, sinon plusieurs intailles sûrement lyciennes [1]. Nul doute que l'étude des collections publiques, faite attentivement et abordée avec cette préoccupation, ne parvienne bientôt à ouvrir un chapitre nouveau sur la glyptique lycienne.

Les scarabées ou scarabéoïdes sont nombreux dans la collection de M. Pauvert de La Chapelle (nos 24 à 89); plusieurs sont importants par le sujet, d'autres sont remarquables par leur style. Les premiers de la série (nos 24 et suiv.) ont des types traditionnellement empruntés à la mythologie égyptienne, mais ils sont de fabrique phénicienne, qu'ils sortent des ateliers de la côte de Syrie, de Cypre ou de Sardaigne. D'aucuns sont hétéens comme le n° 35, qui représente un sphinx, d'autres peut-être de fabrique rhodienne, à cause de leur style, comme les nos 31, 32 et 33, qui pourtant ont été trouvés en Étrurie. Les nos 37 et 38 sont sûrement perses, de l'époque achéménide, bien qu'ils aient été recueillis, l'un au cœur du Péloponnèse et l'autre à Rome, au pied de l'arc de Gallien.

Parmi les scarabées phéniciens de fabrique orientale, il faut remarquer le n° 36, inspiré de l'art perse, et où l'on reconnaît, outre l'emblème d'Ahura-Mazda, le costume des Achéménides : c'est une œuvre fort intéressante à ce point de vue. A signaler aussi, dans la même catégorie, le n° 40, qui nous montre le Melqart phénicien, à tête monstrueuse, ayant non seulement quatre ailes aux épaules, mais en outre, des ailerons aux chevilles, particularité bien exceptionnelle et fort suggestive pour l'origine des Harpyes et de l'Hermès grec. Le Centaure n° 41 est aussi digne de fixer l'attention à cause de ses jambes de devant entièrement humaines et de son visage identique à celui du Melqart phénicien. On voit, par ces exemples, comment plusieurs de ces figures gravées sur les gemmes mettent en évidence l'alliance ou la

1. *Catalogue de vente de la collection de M. le comte de Gobineau*, 1882, n° 56.

pénétration réciproque des mythes orientaux et helléniques, longtemps avant le ve ou même le vi^e^ siècle.

On a, depuis longtemps, fait une classe à part des scarabées et scarabéoïdes phéniciens trouvés en Sardaigne, principalement à Tharros : ils sont reconnus pour avoir été gravés dans une pierre verte fournie par les montagnes de la Sardaigne, le jaspe sarde [1]. Ces gemmes sont donc de fabrique sarde, et les produits de cette fabrique paraissent avoir été à la mode pendant un certain temps et avoir été répandus par les vaisseaux phéniciens dans tout le bassin occidental de la Méditerranée. La collection Pauvert de La Chapelle renferme un beau choix de ces gemmes dont les sujets sont inspirés le plus souvent des scarabées égyptiens (par exemple, les n°s 25, 26, 29, 39) ; quelquefois aussi c'est la mythologie des populations de l'Asie-Mineure, tels que les Cariens et les Lyciens, qui semble avoir été mise à contribution par les artistes phéniciens de la Sardaigne (par exemple, les n°s 42 et 43).

Les scarabées et scarabéoïdes trouvés en Étrurie sont naturellement les plus nombreux. Les uns ont des sujets empruntés à la mythologie indigène, tels que la Harpye et la Chimère (n°s 45 et 46), d'autres sont des copies plus ou moins exactes et intelligibles de scarabées égyptiens apportés en Étrurie par le commerce, et souvent l'on doit se demander si ces gemmes ont été gravées par des artistes étrusques plutôt que par des artistes phéniciens. Il est enfin des sujets, et c'est même le cas le plus fréquent, qui sont empruntés à la mythologie hellénique : la difficulté est alors de savoir si ces gemmes sont issues d'ateliers étrusques ou bien d'ateliers grecs travaillant pour les Étrusques ; si nous sommes, en un mot, en présence de productions de l'art étrusque ou de produits de l'art grec archaïque. L'hésitation cesse naturellement lorsque le type est accompagné d'une inscription : c'est le cas pour les n°s 82 (Tydée blessé), 85 (combat d'Héraclès et de Cycnos), 87 (Eryx en Discobole), gemmes d'un travail remarquable, qui ont des inscriptions étrusques explicatives du sujet figuré. Mais, pour un grand nombre d'autres gemmes, on peut dire qu'il y a incertitude, hésitation, car de ce qu'un scarabée a été recueilli dans une tombe étrusque, il faudrait se garder de conclure qu'il a été gravé par un artiste étrusque ou même en Étrurie [2].

Sous ces réserves, parmi les plus intéressants scarabées anépigraphes qui nous paraissent de travail étrusque, nous signalerons les n°s 47 (Sphinx dévorant un Thébain), 48 (Sphinx dévorant un antilope), 80 (Ganymède),

1. Voyez notamment : G. Perrot et Ch. Chipiez, *Histoire de l'art dans l'antiquité*, t. III, p. 656 et suiv.
2. J. Martha, *L'art étrusque*, p. 596.

81 (Héros agenouillé). Remarquez, sur la plupart de ces gemmes, le fini du travail, la délicatesse particulière avec laquelle sont rendus tous les détails : les figures humaines sont traitées avec une vérité anatomique qui n'avait qu'à se dépouiller d'un peu de rudesse et d'exagération pour atteindre à la perfection hellénique.

Dans le nombre des scarabées et scarabéoïdes dont l'origine grecque est indéniable, il convient de distinguer le Griffon (n° 49) qui rappelle de très près le type de certaines monnaies de Téos d'Ionie et d'Abdère de Thrace, aux ve et ive siècles ; les n°s 57 (Biche et cerf en marche), 59 (Lion dévorant un cerf), et 63 (Taureau cornupète) : ces monuments se recommandent par la correction et la souplesse de la structure anatomique des animaux et les proportions exceptionnelles des gemmes. Le bélier (n° 67) accompagné du nom de βρόησις, œuvre caractéristique de l'école ionienne, est destiné à occuper une place d'honneur dans les fastes de la glyptique grecque au vi^e^ siècle. On devra désormais citer, dans toutes les histoires de l'art, l'archer de Samos (n° 78), dont la musculature souple et nerveuse, exprimée à travers le maillot de laine ou de cuir, est pour nous un exemple, destiné à devenir célèbre, de l'habileté technique à laquelle avait atteint la grande école samienne que personnifie le lithoglyphe Mnésarchos, père du philosophe Pythagore [1].

Le style archaïque du n° 84 (Philoctète faisant panser sa blessure par le jeune Pylios) est digne de remarque autant que le sujet lui-même. Les n°s 83 (Hermès attachant ses endromides ou, peut-être, Philoctète soignant sa blessure), et 86 (Poseidon ou Nérée sur un hippocampe), sont des œuvres du style le plus pur et parvenu à l'idéale perfection du ve siècle : il serait difficile de citer des gemmes d'une plus séduisante beauté.

Un certain nombre des scarabées et scarabéoïdes de la collection Pauvert de La Chapelle confirment de la manière la plus éclatante la théorie que nous avons exposée ailleurs sur l'origine du *camée*, c'est-à-dire de la gravure en relief sur pierres fines [2]. C'est bien dans le scarabée égyptien que se trouve cette origine historique et technique.

Des bords du Nil, l'usage du scarabée-amulette, cet emblème de l'immortalité pour les Égyptiens, s'est propagé de bonne heure en Palestine et en Phénicie. A leur tour, les actives relations de la Grèce avec l'Égypte, Cypre et l'Orient, durant la période homérique et surtout plus tard, à la suite des invasions doriennes, introduisirent le scarabée sur les bords de la mer Égée, tandis que les Phéniciens le faisaient connaître aux Étrusques. Les

1. E. Babelon, *Catalogue des camées de la Bibliothèque nationale*, Introduction, p. XXIII.
2. *Gazette des Beaux-Arts* du 1er mars 1898 (t. XIX), p. 217 et suiv.

pierres gravées recueillies en si grande quantité dans les nécropoles de l'Étrurie ou des contrées helléniques, et qu'on peut dater d'avant les Guerres Médiques, sont presque exclusivement des scarabées et des scarabéoïdes. Comme en Égypte, ces gemmes servaient à la fois d'ornement personnel et de cachet; on les portait en colliers, en bagues, en bracelets, et nous les rencontrons parfois enchâssées dans d'élégantes montures en or (*Catalogue*, n° 66). Un auteur dramatique athénien du IVe siècle, Antiphanès, dans sa *Béotie* mentionnée par Athénée, décrit le scarabée (κάνθαρος) comme étant encore, de son temps, un élément essentiel de la parure féminine (ὅτι δὲ καὶ γυναικεῖον κοσμαρίον ἐστι κάνθαρος).

Ainsi, chez les Étrusques et chez les Grecs, la forme et l'usage du scarabée se présentent comme le prolongement de la tradition égyptienne : on n'y surprend aucun souvenir de l'ancienne glyptique autochtone, c'est-à-dire des intailles lenticulaires des temps mycéniens. Mais si l'artiste grec a ainsi appris des Égyptiens et des Orientaux à graver *en relief*, dans un cube de cornaline, de cristal ou de jaspe, la carapace d'un scarabée, il ne se borne pas à copier *en creux*, sur le plat de son cachet, des signes hiéroglyphiques ou des symboles des religions de l'Orient qu'il ne comprend pas. Il a vite une tendance à s'affranchir de son modèle et à l'interpréter avec liberté; il s'essaye dans des compositions de son invention, il traduit les mythes de sa propre religion, il grave des sujets grecs.

De la modification de l'intaille à celle de la carapace du scarabée, il n'y avait qu'un pas. Il fut vite franchi. Tout d'abord, la carapace de l'insecte sacré se modifie, s'altère, se transforme; on s'aperçoit qu'il ne joue plus qu'un rôle décoratif et que le sens symbolique donné à l'animal par les Égyptiens est méconnu, aussi bien par le graveur que par le possesseur de la gemme. On en arrive à lui substituer d'autres figures aussi en relief : masques de Gorgone, tête de Silène, tête de nègre, Harpye ailée, tête de femme à longs cheveux en bandeaux sur les tempes, lion couché, etc., qui rappellent seulement, par le galbe général, la forme scarabéoïde traditionnelle. Nous pouvons dire, dès lors, en présence de cette diversité des types en relief, que la glyptique grecque atteint au camée; seulement, ce n'est encore que le camée monochrome. La collection Pauvert de La Chapelle nous en offre des exemples aussi caractéristiques que ceux que nous avons, ailleurs, empruntés à l'ancien fonds du Cabinet des Médailles, au catalogue du Musée britannique, à la collection Tyszkiewicz ou à d'autres musées [1]. La tête de femme encadrée de longs cheveux striés (n° 161) n'est qu'une gravure en relief assez grossière qui remplace la carapace d'un scarabée. Les nos 45

1. *Gazette des Beaux-Arts*, t. XIX (1898), p. 219.

et 76 ont l'image d'une Harpye gravée à la place de l'insecte sacré. Sur le n° 64, c'est un lion couché ; ce sont deux lions sur le n° 72. Sur le n° 70, c'est une tête de Gorgone ; et sur le n° 80, c'est un monstre masculin, emprunté à la mythologie étrusque, qui rappelle les figures de Harpyes.

Ainsi, on ne saurait le contester, le scarabée grec dérive directement de celui de l'Égypte, par sa forme, sa technique, son emploi comme ornement ou cachet. Ce camée embryonnaire subit des transformations, des altérations qui lui sont imposées par le génie hellénique : c'est la période des gemmes scarabéoïdes, c'est-à-dire qui n'ont plus du scarabée que le galbe général et où la carapace de l'animal est seulement silhouettée et souvent même remplacée par un autre type imaginé par l'artiste grec. Sans doute, l'artiste ne sait pas encore tirer parti, pour la gravure en relief, des couches superposées d'une agate pour produire les variétés de tons, d'effets et de nuances que comporte un sujet polychrome. Mais il est aisé de pressentir que dans ces petits scarabées transformés, nous touchons à la découverte du camée à plusieurs couches, et que le lithoglyphe grec, s'affranchissant de plus en plus de la routine, est à la veille de s'emparer de l'élément décoratif que lui offrait spontanément la nature dans ces belles agates multicolores dont il saura bientôt si merveilleusement faire valoir les teintes variées.

Nous avons cru devoir, dans le présent *Catalogue,* faire une classe à part des scarabées et scarabéoïdes, en les séparant des intailles qui n'ont plus cette forme et que nous avons caractérisées par cette dénomination : *intailles à revers plat.* D'une manière générale et sans être taxé de trop d'arbitraire, on peut dire que ces dernières gemmes ont chronologiquement succédé aux scarabéoïdes, de sorte que nous avons, dans ses grandes lignes, à peu près respecté l'ordre chronologique, tout en nous plaçant pourtant au point de vue de la forme matérielle des pierres. Tous ceux qui ont eu à rédiger des catalogues de monuments antiques, ont dû se résoudre à ranger les objets dans un ordre qui prêtait, par certains côtés, le flanc à la critique, ayant à la fois ses inconvénients et ses avantages : il n'en est point de parfait. Mais, dans tous les cas, quand il s'agit d'une collection peu nombreuse comme celle-ci, il y aurait de graves inconvénients à la classer d'après les sujets représentés, puisqu'on serait exposé au plus inextricable enchevêtrement au point de vue chronologique. Le classement par origine historique, le plus scientifique, ouvre la porte à l'arbitraire et force le rédacteur à prendre parti sur des points où il peut n'être pas d'accord avec d'autres critiques : il sera amené, peut-être, à classer comme intaille égyptienne, étrusque, grecque, sarde, etc., telle ou telle gemme sur laquelle l'état actuel de nos connaissances ne permettrait pas de se prononcer aussi catégoriquement. Bref, le classement d'après la forme matérielle, moins scientifique sans doute, a au moins l'avantage de ne tromper personne, et il n'est pas, comme nous l'avons dit, en contradiction autant qu'on pourrait le croire *a priori*, avec l'ordre chronologique. Son seul inconvénient est d'éloigner, les uns des autres, des types parfois semblables; mais ce côté facheux, peu grave en lui-même, puisqu'il n'est que matériel, est moindre que les inconvénients d'ordre scientifique qui résulteraient de tout autre classement.

Nous en arrivons ainsi, dans cet aperçu général, à notre cinquième classe : les intailles qui ne sont plus des scarabées ou des scarabéoïdes. Il s'en rencontre un grand nombre de remarquables par le sujet, les légendes ou le style : il faudrait énumérer la plupart d'entre elles. Attirons seulement, en bloc, l'attention sur les intailles qui interprètent les vieilles légendes grecques : Prométhée créant l'homme (nos 91 et 92), le roi thrace Lycurgue coupant ses vignes (no 93), les compagnons de Cadmus (94 à 96), Jason et la Toison d'or (97), Thésée et ses exploits (98 à 100), divers épisodes de la guerre de Troie (101 à 103), les légendes d'Othryadès (104, 105), de Polyidos et du fils de Minos (106), de Méléagre (107), des Héraclides se partageant le Péloponnèse (108). Cette seule énumération est assez éloquente et variée pour faire soupçonner l'importance particulière de cette suite de gemmes mythologiques.

Mais ce n'est pas tout encore : cette classe nous offre, outre des sujets d'inspiration grecque, des légendes primitives de Rome et il serait difficile de citer, dans d'autres collections, des gemmes susceptibles de piquer notre curiosité plus vivement que les deux suivantes : le no 110, qui représente le berger Faustulus et ses compagnons découvrant la Louve qui allaite les Jumeaux, et le no 111, charmant bas-relief en miniature qui traduit les contes populaires qui avaient cours à Rome à l'époque impériale, relativement à la fondation du Capitole.

Nous tairons les sujets plus ordinaires, comme les Bacchus, les Vénus, les Amours, les Ariadne, les Omphale, les Satyres, les Méduses, les Victoires, les masques scéniques, les animaux fantastiques ou réels, bien que la plupart d'entre eux sortent, au point de vue artistique, de la banalité courante. On nous permettra seulement de nous arrêter, un instant, à quelques sujets de genre qui offrent un tout spécial attrait. Par exemple, le Discobole, no 132, reproduction exacte de la célèbre statue de Myron ; l'athlète, no 133, qui est probablement Entelle et dans lequel il faut, ainsi, reconnaître l'interprétation plastique d'un passage de l'*Énéide;* le profil de femme, no 155, qui reste une merveille, en dépit de ses cassures. L'acteur, no 134, prêt à entrer en scène, est digne aussi d'être contemplé à la loupe pour la finesse du travail. On ne connaît que fort peu de représentations antiques qui montrent des peintres à leur chevalet, et, à ce point de vue, notre n° 135 mérite une mention particulière. Que le n° 136 représente, comme le n° 109, Héphaestos ciselant un vase ou simplement un orfèvre au travail, la gemme n'en est pas moins un morceau de premier ordre, aussi bien par sa grandeur inusitée que par la perfection de la gravure. Nous avons, au cours de notre description, signalé la beauté du grand Sphinx, n° 141, malheureusement si mutilé; l'expression réaliste de plusieurs portraits d'hommes auxquels il est impossible d'attribuer des noms; enfin, l'intérêt supérieur qui s'attache au squelette figuré sur le chaton de bague, en argent, n° 160. Terminons cette revue analytique par une observation générale que nous suggère l'examen comparatif d'un certain nombre de ces belles pierres.

Les historiens de l'art antique ont fait souvent remarquer combien les artistes grecs et romains se montrèrent peu scrupuleux et peu réservés lorsqu'il s'agit, pour eux, d'imiter l'œuvre d'un confrère ou d'un maître en vogue. Ils ne se gênaient pas pour copier, et leurs procédés seraient sévèrement appréciés aujourd'hui : on crierait au plagiat. Avec de très légères modifications dans les gestes ou les attributs secondaires, un Apollon s'est trouvé transformé en Dionysos; un Mars est devenu un Achille, Vénus une courtisane célèbre. C'est à ce point que nous nous trouvons, parfois, fort embarrassés pour donner aux statues qui nous sont parvenues leurs noms véritables, lorsque manquent les particularités secondaires qui les caractérisaient.

Ces observations ont été faites, en particulier non seulement dans la grande sculpture, mais dans l'étude des figures qui décorent les vases peints. « M. Brunn, dit M. W. Frœhner, a déjà constaté que certaines figures employées dans les scènes de la guerre de Troie, y reparaissent plusieurs fois et sous des noms différents. L'Énée de notre planche XVIII s'appelle Hector sur la coupe du prince Napoléon, et notre Diomède s'y appelle Ajax. Il est vrai que le peintre n'a pas copié servilement; on reproduisait les figures avec des modifications plus ou moins sensibles [1]. » Mais aucune des branches de l'histoire de l'art ne nous présente, de ce procédé, des exemples aussi frappants que la gravure en pierres fines. Rappelons à l'appui de notre assertion le beau camée de l'ancien fonds du Cabinet des Médailles sur lequel, à côté d'une Vénus accroupie, le graveur antique a inscrit le nom de la courtisane Laïs, pour qu'on ne pût se méprendre sur

1. W. Frœhner, *La collection Tyszkiewicz*, texte de la planche XVIII.

l'interprétation qu'il entendait donner à son œuvre [1]. La collection Pauvert de La Chapelle nous offre plusieurs spécimens de pareilles adaptations.

Hermès attachant ses endromides (*Catal.*, n° 83) pourrait fort bien être pris pour Philoctète soignant sa blessure à Lemnos ; Prométhée créant l'homme (*Catal.*, n°s 91 et 92) est devenu, sur de nombreuses gemmes, un coroplaste ou un sculpteur modelant une statue [2]. Lycurgue défrichant les vignobles thraces (*Catal.*, n° 93) devient, avec de très légères altérations, Héraclès au service de Sylée ; le Sphinx dévorant un héros thébain (*Catal.*, n° 94) se transforme, en modifiant seulement la tête de l'animal, en un griffon qui lutte contre un Arimaspe [3] ; Thésée contemplant ses armes (*Catal.*, n°s 99 et 100) est facilement Achille sur le point de revêtir son armure. Ajax portant le cadavre d'Achille (*Catal.*, n° 101) peut être baptisé Achille portant le corps de Patrocle : il suffit pour cela que l'artiste supprime la flèche que l'on voit, ici, encore fixée au pied du blessé. Le Dolon (*Catal.*, n° 102) est identique à un Éros signé du graveur Olympios. Jason devant la Toison d'or (*Catal.*, n° 97) est aisément métamorphosé en Cadmus consultant l'oracle de Delphes [4]. Le devin Polyidos (*Catal.*, n° 106) devient un potier à l'ouvrage. Le chasseur Méléagre, en contemplation devant une hure (*Catal.*, n° 107), se transforme en Œdipe interrogeant le Sphinx [5]. Tydée blessé devient Capanée foudroyé, par le seul changement du nom du héros gravé dans le champ. Le n° 28 peut être pris, presque sans modification, pour Ammon à corps humain et à tête de bélier [6].

Ces exemples, qu'il est superflu de multiplier, suffisent à démontrer combien souvent les mêmes thèmes, différemment interprétés, se répètent sur les pierres gravées, surtout dans les produits de la glyptique gréco-étrusque. La donnée, une première fois inventée, est exploitée sans retenue par d'autres graveurs qui la font servir à toutes fins, ne se donnant même pas la peine de chercher à dissimuler leur plagiat, à déguiser leur réplique servile. Aujourd'hui, la propriété artistique, sauvegardée d'ailleurs par des lois, est mieux respectée et nos mœurs ne toléreraient pas de pareils procédés, pourtant universellement répandus dans l'antiquité.

Nous nous arrêterons ici, pour ne pas dépasser les limites d'une simple

1. E. Babelon. *Catalogue des Camées de la Bibliothèque nationale*, n° 66.

2. Furtwaengler, *Beschreibung der geschnitt. Steine im Antiquarium zu Berlin*, pl. VIII, n°s 444 et suiv.

3. *Dictionn. des antiq. gr. et rom.*, de Daremberg et Saglio. Voy. *Arimaspi*.

4. Chabouillet, *Catalogue*, n° 1792 ; A. Furtwaengler, *Beschreibung der geschnitt. Steine*, pl. XI, n° 873.

5. Furtwaengler, *Beschreibung*, pl. XI, n°s 799 à 802.

6. *Diction. des antiq. gr. et rom.* de Daremberg et Saglio v° *Ammon*, p. 232.

préface. Bien d'autres observations pourraient être provoquées par l'examen approfondi des pierres gravées de la collection Pauvert de La Chapelle; diverses gemmes même appelleraient des commentaires développés et minutieux. L'esquisse rapide que nous venons de tracer n'a qu'un but : présenter au public, comme c'était notre devoir professionnel, la collection nouvelle qui vient d'entrer au Cabinet des Médailles ; appeler sur elle l'attention des érudits; suggérer peut-être à quelques-uns la pensée d'étudier de plus près ces monuments inédits ; remercier encore une fois et sous une forme plus saisissante, le formateur expérimenté de cette belle suite de gemmes antiques, en montrant qu'elle est, plus encore par la valeur scientifique et artistique de ses éléments que par leur nombre, un appoint considérable pour notre collection nationale.

E. Babelon.

15 Août 1899.

COLLECTION PAUVERT DE LA CHAPELLE

INTAILLES ET CAMÉES

I

INTAILLES DE L'ÉPOQUE MYCÉNIENNE

1 (Pl. I). **Deux taureaux baissant la tête,** comme au pâturage. Ils sont placés en sens opposé, l'un tourné à droite, l'autre tourné à gauche, leurs jambes entrecroisées.

Des globules forés à la bouterolle marquent les yeux et les articulations des jambes.

Hématite. Forme lenticulaire, la tranche percée d'un trou.

Diam., 27 mill.

Trouvé en Crète. Comparez, sur une autre gemme du style dit mycénien, deux antilopes dans une disposition analogue : A. Furtwaengler, *Beschreibung der geschnittenen Steine im Antiquarium zu Berlin*, pl. I, nº 27; Imhoof-Blumer et O. Keller, *Tier und Pflanzenbilder auf Münzen und Gemmen*, pl. XVII, fig. 55.

2 (Pl. I). **Bouquetin agenouillé,** le poil hérissé, et dressant la tête sous l'impression de la douleur que lui cause une flèche dont la pointe lui transperce le flanc.

Silex pyromaque jaunâtre, tacheté. Forme lenticulaire, la tranche percée d'un trou. Cassure sur le bord, au revers.

Diam., 25 mill.

Trouvé en Crète. Comparez une gemme de style mycénien de la collection de Berlin : Furtwaengler, *Beschreibung*, pl. I, nº 21; Imhoof-Blumer et Keller, *Tier und Pflanzenbilder*, pl. XVIII, fig. 23.

3 (Pl. I). **Aegagre** fantastique, couché et dormant, la tête repliée sous son ventre par une étrange contorsion de l'encolure. Le front de l'animal est surmonté d'une seule corne, à bourrelets, terminée en croissant. Excellent style.

Onyx gris, rubané. Forme lenticulaire, la tranche percée d'un trou. Cassure sur le bord.

Diam., 24 mill.

4 (Pl. I). **Antilope** ou bouquetin se grattant la tête avec une patte de derrière ; la tête est ramenée sous le ventre par une violente contorsion du poitrail et de l'encolure, les pattes de devant projetées en avant. Au-dessus de l'animal, un poisson.

Jaspe vert. Forme lenticulaire, la tranche percée d'un trou.

Diam., 20 mill.

Trouvé en Crète.

5 (Pl. I). **Monstre** formé d'une protomé de bouquetin et d'un corps d'homme. Le bouquetin s'élance, les deux pattes de devant repliées ; son arrière train est remplacé par un corps humain sans tête et sans bras, serré à la taille par une ceinture. Les jambes humaines, démesurément longues, sont rejetées en arrière. Dans le champ, trois globules ou disques, dont l'un est étoilé.

Serpentine. Forme lenticulaire, la tranche percée d'un trou.

Diam., 17 mill.

Trouvé en Crète. Comparez la figure d'une gemme mycénienne du Musée britannique : *Catalogue of engraved gems,* pl. A, fig. 76; Perrot et Chipiez, *Hist. de l'art dans l'antiquité*, t. VI, p. 851, fig. 15.

6 (Pl. I). **Trois sangliers,** côte à côte. Celui du premier plan est couché sur un lit de roseaux; celui du fond, dont on ne voit que la tête, est tourné dans un sens inverse à celui des deux autres.

Cornaline, avec taches noires. Forme lenticulaire, la tranche percée d'un trou.

Diam., 20 mill.

Provient d'une des îles de l'Archipel.

II

CYLINDRES ORIENTAUX

7 (Pl. II). Scène composée de deux groupes symétriques et se faisant pendant. Chacun des groupes répond à la description suivante : Isdubar, le corps de profil, le visage de face, plonge son poignard dans le flanc d'un lion qu'il attaque par derrière et dont il saisit la crinière ; le dieu a la tête nue, une longue barbe nattée et les cheveux bouclés ; il a pour tout vêtement une ceinture serrée à la taille et à franges retombantes. Le lion qu'il immole est debout sur ses pattes de derrière, occupé à lutter contre un taureau debout de la même façon et qui, la tête renversée en arrière, paraît pousser un grand cri de douleur.

Une ligne de caractères cunéiformes, presque entièrement effacés, marque la limite de la surface cylindrique ; on ne distingue guère que le commencement :

[cunéiforme] (*ilou*), idéogramme du nom divin.

Hématite. Cylindre chaldéen percé d'un trou.

Haut., 37 mill. ; diam., 21 mill.

Comparez : *Collection de Clercq. Catalogue*, t. I. *Cylindres orientaux*, nos 49 et suiv.

8 (Pl. II). Scène composée de trois groupes et d'un bouquetin. 1. Ea-Bani luttant contre un lion qui se dresse devant lui sur ses pattes de derrière ; le dieu, dont le bas du corps jusqu'aux hanches est d'un taureau, a une tête et des bras humains, avec une longue barbe tressée. — 2° Isdubar luttant contre un taureau à tête humaine ; le dieu est entièrement humain, nu, debout de profil, le visage de face, avec une longue barbe ; le taureau, dressé devant lui sur ses jambes de derrière, rejette en arrière sa tête humaine cornue, enca-

drée d'une longue barbe tressée. — 3° La même scène d'Isdubar luttant contre le taureau à tête humaine, disposée symétriquement, les personnages intervertis. — 4° Bouquetin de profil, détournant la tête.

Hématite. Cylindre chaldéen percé d'un trou.

Haut., 33 mill.; diam., 23 mill.

Comparez : *Collection de Clercq. Catalogue*, t. I. *Cylindres orientaux*, nos 58 et 59.

9 (Pl. II). Scène composée de deux groupes : 1° Un homme barbu, coiffé d'une haute tiare plate, cotelée, vêtu d'une tunique courte serrée à la taille, debout de profil, saisit par une corne et une patte de devant, un bouquetin qui se dresse devant lui sur ses pattes de derrière. Le bouquetin détourne la tête pour regarder un lion dressé contre lui et qui s'apprête à le dévorer. — 2° Un lion debout sur ses pattes de derrière, de profil, pose sa griffe puissante sur le flanc d'un bouquetin qui s'enfuit et détourne la tête du côté de son agresseur.

Hématite. Cylindre chaldéen percé d'un trou.

Haut., 30 mill.; diam., 15 mill.

10 (Pl. II). **Scène de sacrifice.** Un sacrificateur chaldéen, debout, coiffé d'une tiare, vêtu d'une longue robe serrée à la taille, une jambe dégagée et avancée, tient de la main droite baissée le couteau sacré, et il porte la main gauche à sa poitrine. L'offrant est debout devant lui, vêtu d'une tunique talaire, une main ramenée à la ceinture, levant l'autre ouverte à la hauteur de son visage dans l'attitude de la prière; il est coiffé de la calotte ronde à rebord. Entre la figure du sacrificateur et celle de l'offrant, un symbole qui a la forme d'un croissant sur une tige. Derrière le sacrificateur, un petit personnage vu de face, les jambes ployées, les mains ramenées sur la poitrine. Plus loin, la statue du dieu, vue de face, vêtue d'une tunique talaire serrée à la taille. Le dieu a une main ramenée à sa ceinture; de l'autre main avancée il tient une fourche à deux branches ondulées, d'où s'échappe un

filet d'eau auquel s'abreuve un taureau de profil au pied du dieu. Ce taureau est peut-être la victime qu'on doit immoler à la place du petit personnage que nous avons décrit et qui se trouve placé devant lui.

Hématite. Cylindre chaldéen percé d'un trou.

Haut., 19 mill. ; diam., 8 mill.

Comparez : *Collection de Clercq. Catalogue*, t. I. *Cylindres orientaux*, nos 113 à 135; F. Lajard, *Le culte de Mithra*, pl. LI, fig. 9.

11 (Pl. II). **Dieu chaldéen recevant les prières de deux adorateurs.** Le dieu est assis sur un trône à coussins ornés de broderies, et surélevé de deux degrés; il a une longue barbe qui descend sur sa poitrine ; il est coiffé d'une calotte ronde à rebord, et vêtu d'une tunique talaire à franges, passant en écharpe sur l'épaule gauche et laissant à nu l'épaule et le bras droits. Il tient l'une de ses mains ramenée à sa ceinture, tandis que de l'autre avancée il porte une ampoule dans laquelle paraît vouloir s'abreuver un serpent qui se dresse devant le dieu. Au dessus, le globe solaire dans le croissant lunaire, symboles de Samas et de Sin. Des deux pontifes, l'un est debout, le corps de face, le visage de profil, imberbe et nu-tête, les cheveux rasés, vêtu de la tunique talaire frangée passant en écharpe sur l'épaule gauche et laissant à découvert l'épaule et le bras droits; il tient ses deux mains ramenées à sa ceinture. L'autre, aussi debout et imberbe, mais de profil, est coiffé d'une tiare ornée de cornes de taureau; il est vêtu d'une tunique talaire à rangs de franges étagées; il porte ses deux mains levées à la hauteur du visage dans l'attitude de la prière. Derrière le trône du dieu, se tient debout un petit personnage (il y a une cassure à ses pieds), vêtu d'une tunique courte, debout, les deux mains sur la poitrine, et tournant le dos à la scène que nous venons de décrire.

Trois lignes de caractères cunéiformes, du système babylonien archaïque, ferment le tableau :

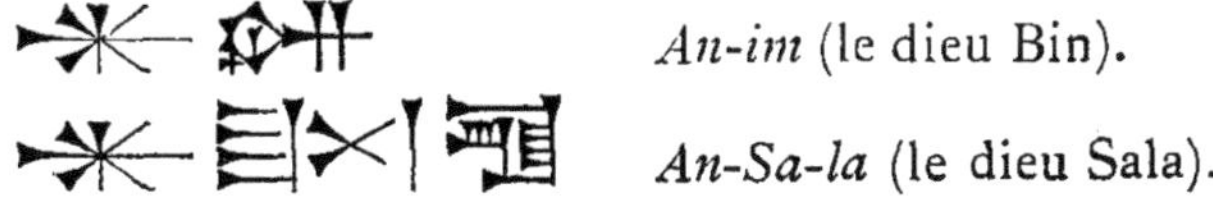

La troisième ligne est fruste.
Hématite. Cylindre chaldéen percé d'un trou.
Haut., 25 mill. ; diam., 15 mill.

Comparez, pour la scène et pour l'inscription : *Collection de Clercq. Catalogue.* T. I. *Cylindres orientaux*, nos 90, 113 et 124.

12 (Pl. III). **Personnage tenant deux monstres ailés.** Le personnage, dieu ou pontife, est debout, de profil, avec une longue barbe et des cheveux nattés, coiffé d'une calotte ronde cotelée, vêtu d'une longue robe à franges ouverte sur le devant, de manière à laisser à nu la jambe gauche portée en avant (un éclat de la gemme endommage la figure à la hauteur des hanches). Il a un glaive au côté et des deux mains levées, les bras écartés, il tient par une patte de devant deux animaux fantastiques dressés contre lui sur leurs pattes de derrière. L'un de ces animaux a un corps de lion, des ailes d'aigle, éployées, et une tête humaine imberbe; il est coiffé de la calotte ronde, cotelée. L'autre est une sorte de gazelle ailée, détournant la tète. Devant ces animaux, sont assis, d'une part, un chien, et, d'autre part, une petite figure de femme (?) voilée. Plus loin, se tient debout un pontife coiffé de la calotte ronde cotelée, la barbe et les cheveux nattés, vêtu de la tunique talaire à volants frangés et étagés ; il a un glaive au côté; d'une main il tient une coupe et il élève l'autre à la hauteur du visage, dans le geste de l'adoration.
Jaspe jaune-brun. Cylindre assyrien percé d'un trou.
Haut., 25 mill.; diam., 12 mill.

Comparez : *Collection de Clercq.* T. I. *Cylindres orientaux*, nos 321 et suiv. ; J. Menant, *Catalogue des cylindres orientaux du Cabinet de la Haye*, pl. VI, fig. 31.

13 (Pl. III). **L'Arbre sacré accosté de deux griffons.** Du sommet de l'arbre dont les branches sont représentées par des enroulements symétriques, descend, de chaque côté, un filet d'eau ondulé, auquel les griffons paraissent s'abreuver. Chacun de ces animaux, disposés symétriquement, a de grandes ailes éployées et pose ses deux pattes de devant sur les branches

de l'Arbre sacré. Au-dessus de l'un des griffons, une étoile à huit branches; au-dessus de l'autre, un globe étoilé. Une croix à branches égales et fourchues marque la limite du tableau.

Jaspe rouge-brun, avec une grande tache blanche. Cylindre assyrien percé d'un trou.

Haut., 24 mill.; diam., 11 mill.

14 (Pl. III). Scène composée de deux groupes. — 1° Deux rangées d'animaux séparées par une double série d'annelets juxtaposés. Dans la rangée supérieure, on voit un bouquetin agenouillé, détournant la tête, attaqué par deux griffons ailés. Dans la rangée inférieure, un bouquetin agenouillé, détournant la tête, attaqué par deux lions; au-dessus des lions, un oiseau et un lièvre. — 2° Sacrifice à la déesse Istar. La déesse est nue, debout, de face, coiffée d'une calotte ronde [1], tenant ses seins des deux mains; elle détourne la tête pour regarder un sacrificateur qui immole un taureau. Ce personnage, coiffé d'une tiare ronde, vêtu d'une tunique frangée, serrée à la taille par une ceinture, tient de ses deux mains, les bras tendus en avant, la queue et une jambe de derrière d'un taureau, ainsi suspendu la tête en bas; il pose en outre le pied droit sur le cou de l'animal. Devant la tête de la déesse, une étoile; devant la tête du sacrificateur, le globe solaire dans le croissant; à côté d'Istar, un petit quadrupède accroupi.

Hématite. Cylindre hétéen (plutôt que chaldéen) percé d'un trou.

Long., 27 mill., diam.; 15 mill.

15 (Pl. III). La scène compliquée que nous avons sous les yeux peut être partagée en trois groupes : — 1° Un personnage, vêtu d'une tunique courte et d'un manteau à franges, croisé sur la poitrine, les jambes et les pieds nus, s'avance du côté

1. La déesse Istar est pareillement coiffée d'une calotte ronde sur un bas relief hétéen de Djerablus (Perrot et Chipiez, *Hist. de l'art dans l'antiquité*, t. IV, p. 808).

du groupe que nous allons décrire sous le n° 2. Il a une longue barbe tressée, il est coiffé d'un chapeau conique à rebord, et une longue tresse de cheveux nattés descend sur son dos. De la main droite baissée, il tient un objet incertain (croix ansée?); la main gauche est armée d'une lance, la pointe dirigée vers le sol. A ses pieds, un arbuste. — 2° Un dieu, figuré seulement en buste jusqu'à la ceinture, le bas du corps terminé par une pyramide de globules qui représentent sans doute une montagne, tient sur sa main gauche un lièvre qu'il paraît présenter à un autre personnage dont nous parlerons tout à l'heure; de la main droite étendue et levée à la hauteur du visage, il fait le geste de l'offrande. Il a une longue barbe et une longue tresse de cheveux nattés sur le dos; son chapeau conique, à larges bords relevés, est surmonté d'un globe dans un croissant. Le personnage auquel il s'adresse est debout devant lui, les jambes nues et écartées, posant ses pieds sur deux amas de globules représentant deux sommets de montagnes, entre lesquels pousse un arbuste [1]. Il a une longue barbe et il est coiffé d'un chapeau conique à large rebord; une tresse de cheveux nattés descend presque jusque sur ses reins. Il est vêtu d'un justaucorps orné de franges sur les épaules et la poitrine. De la main droite il tient, par les cheveux, un homme qu'il paraît faire tournoyer en l'air en le rouant de coups à l'aide d'un fouet(?) qu'il brandit de l'autre main. La malheureuse victime, barbue, vêtue d'un costume court et serré à la taille, vue à la renverse, fait des gestes de désespoir. On pourrait peut-être interpréter cette scène en supposant que l'offrande du lièvre au terrible dieu des montagnes a pour but de calmer sa colère et de sauver la victime humaine. — 3° Divers animaux réels et fantastiques : un scorpion, un lion assis dévorant un lièvre, un aigle volant, un griffon ailé et assis dévorant un lièvre.

1. Le dieu posant les pieds sur deux sommets montagneux est représenté, en particulier, sur un bas-relief hétéen de Iasili-Kaia, en Cappadoce (Perrot et Chipiez, *Hist. de l'art dans l'antiquité*, t. IV, p. 639), et sur un cylindre du musée de La Haye (J. Menant, *Les pierres gravées*, t. II, fig. 113; Perrot et Chipiez, *op. cit.*, t. IV, p. 770, fig. 380).

Hématite. Cylindre hétéen percé d'un trou.
Long., 29 mill.; diam., 14 mill.

Provient de la collection du comte Michel Tyszkiewicz.

16 (Pl. III). **Deux rois de Perse en adoration devant le pyrée.** Les deux rois Achéménides sont debout, en regard, disposés symétriquement de chaque côté de l'autel du feu (*atech-gah*). Tous deux ont une longue barbe, sont couronnés d'une cidaris à huit dents, et vêtus de la candys à larges manches. Sur leur dos sont suspendus l'arc et le carquois rempli de flèches : ils tiennent la main droite ouverte et avancée dans le geste de la prière; de la main gauche ils présentent une fleur de lotus. La similitude de ces deux figures royales permet de croire qu'il s'agit du même prince représenté deux fois; le rapprochement avec les types monétaires des dariques paraît autoriser à reconnaître ici une double représentation d'Artaxerxès I Longue-main (465-425 av. J.-C.) [1].

Le pyrée a la forme d'un cippe carré orné de moulures droites et surmonté d'un entablement crénelé, avec une tige centrale [2]. La scène est dominée par la figure d'Ahura-Mazda, représenté de profil, en buste, muni de deux longues ailes éployées. Le dieu est barbu et il a une cidaris crénelée comme celle du roi; il étend une main en avant, dans le geste de la bénédiction.

Calcédoine claire. Cylindre perse, percé d'un trou.
Long., 31 mill. ; diam., 12 mill.

Provient de la collection du comte Michel Tyszkiewicz.

17 (Pl. III). **Chasse à l'ours.** Un chasseur perse, sur un cheval lancé au galop, de profil à gauche, perce de sa lance la tête d'un ours qui se dresse devant lui sur ses pattes de derrière. Le

1. E. Babelon, *Catalogue des Monnaies grecques. Les Perses Achéménides*, pl. I, fig. 22 à 27.

2. Comparez : M. Dieulafoy, *L'art antique de la Perse. III. La sculpture persépolitaine*, p. 8-9; le même, *L'Acropole de Suse*, p. 391 et suiv.; Perrot et Chipiez, *Hist. de l'art dans l'antiquité*, t. V, p. 642 et suiv.

cavalier est coiffé de la tiare plate, à fanons, qu'on voit portée, sur les monnaies, par des satrapes ou d'autres personnages de l'époque achéménide [1]. Il est vêtu d'un justaucorps à manches courtes et d'anaxyrides.

Cornaline. Cylindre perse, percé d'un trou.

Long. 28 mill. ; diam., 10 mill.

Comparez : *Collection de Clercq*, t. I. *Cylindres orientaux*, nos 362 et 362 *bis*; Imhoof-Blumer et O. Keller, *Tier und Pflanzenbilder*, pl. XIX, nos 60 à 62 ; W. Frœhner, *Catalogue de la collection Crignon de Montigny* (1887, in-8°), n° 116; un camée du Cabinet des Médailles, de l'époque sassanide, représente un ours qui dévore un taureau (E. Babelon, *Catalogue des camées*, etc. p. 197, n° 365 *bis*).

18 (Pl. III). **Deux lions** rugissant, marchant à la rencontre l'un de l'autre et disposés symétriquement sur une base. Style remarquable et caractéristique de l'art perse de l'époque achéménide.

Cristal de roche. Cylindre perse, légèrement renflé en barillet et percé d'un trou.

Haut, 39 mill.; diam., 19 mill.

Provient de la collection du comte Michel Tyszkiewicz. Comparez notamment les lions des palais de Suse et de Persépolis : M. Dieulafoy, *L'Acropole de Suse*, p. 275 et pl. III (en couleur); G. Perrot et Ch. Chipiez, *Hist. de l'art dans l'antiquité*, t. V, pl. XI, hors texte à la p. 816.

1. Voyez notamment les monnaies d'Évagoras II, roi de Salamine (E. Babelon, *Les Perses Achéménides*, pl. XVII, fig. 14, 15, 16; celles des satrapes de l'Elymaïde (*Zeitschrift für Numismatik*, t. IV, 1877, pl. I), et celles de plusieurs rois de Pont, de Cappadoce et d'Arménie.

III

CACHETS CONOÏDES ORIENTAUX

19 (Pl. IV). **Scène d'adoration.** La triade divine du panthéon assyrien, Anu, Bel et Ea, est représentée sous la forme suivante : Un dieu barbu, de profil et coiffé d'une haute tiare ornée de cornes de taureau, est en buste dans un nimbe ailé ; la queue d'oiseau qui remplace les jambes du dieu, est étalée en éventail ; sur les ailes, allongées à droite et à gauche, sont placées, en regard, les têtes des deux autres personnages de la triade, séparées, chacune, du buste central par un globule sidéral. Au-dessous de cette représentation, est l'arbre sacré, stylisé, composé d'une triple couronne de feuilles et de fruits. Cet arbre mystique est accosté de deux génies ailés ou *kéroubim*, à têtes humaines imberbes, à corps de lions et à pattes d'aigles, debout face à face.

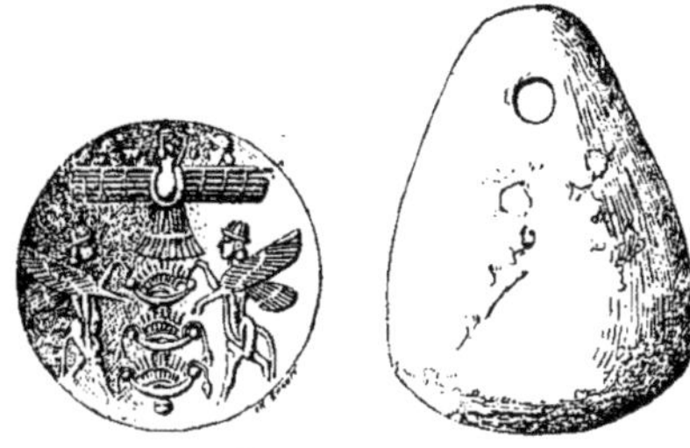

N° 19 (agrandi).

Calcédoine saphirine. Cachet assyrien ; la tige conoïde est percée d'un trou de suspension.

Diam., 17 mill. ; hauteur de la tige, 24 mill.

Provient de la collection Gobineau (*Collection de Gobineau. Catalogue de vente*, 1882, n° 58 bis).

Comparez : F. Lajard, *Le Culte de Mithra*, pl. II, fig. 31 ; pl. XXXII, fig. 3 ; pl. LVII, fig. 1 (sans la triade divine) ; voyez aussi une représentation analogue de la triade assyrienne, sur un cylindre du Musée britannique : J. Menant, *Recherches sur la Glyptique orientale*, t. II, p. 79, fig. 85; F. Lenormant et E. Babelon, *Histoire ancienne de l'Orient*, t. V, p. 234; C. W. King, *Antique Gems and Rings*, t. I, p. 52.

20 (Pl. IV). **Sacrificateur immolant un bouquetin.** Le personnage, debout, barbu, vêtu d'une tunique talaire dont les plis sont relevés aux hanches, tient le couteau sacré de la main droite baissée; de la main gauche, il saisit par une corne un bouquetin qui se dresse contre lui sur ses pattes de derrière et détourne la tête. Le sol est représenté par un treillis. Cercle au pourtour.

Jaspe vert foncé. Cachet conique, perse; la tige qui est cassée, était percée d'un trou de suspension.

Diam., 14 mill.; hauteur du fragment de tige, 13 mill.

Comparez les cachets sur lesquels est représenté, dans une attitude semblable, un roi de Perse luttant contre un lion, un bouquetin ou un sphinx : F. Lajard, *Le culte de Mithra*, pl. XV, fig. 2; pl. XIX, fig. 2; pl. XXIX, fig. 8; pl. XLVI, fig. 7; pl. XLVII, fig. 4; pl. LI, fig. 3; Raoul Rochette, *Mémoires d'archéologie comparée. Premier mémoire*, pl. VII, fig. 3 et suiv.; Chabouillet, *Catalogue des Camées*, etc., nos 1025 à 1029.

21 (Pl. IV). **Lion ailé,** rugissant, vu de profil (*kéroub*). Il a deux petites cornes droites et de longues ailes recroquevillées; ses pattes de derrière sont celles de l'aigle, et sa queue se termine par une double houpette bouletée. Devant lui, un croissant; dessous, un épi.

Calcédoine saphirine. Cachet perse de l'époque achéménide; tige conoïde à huit pans, percée d'un trou de suspension.

Haut., 12 mill.; larg., 15 mill.; haut. de la tige, 20 mill.

Comparez le n° 37 ci-après, qui représente le même *kéroub*.

22 (Pl. IV). **Lion dévorant un antilope.** Le lion attaque par devant sa victime qui baisse la tête. Dans le champ, le diquêtre qu'on retrouve sur les monnaies lyciennes antérieures à Alexandre le Grand [1].

1. Voyez les monnaies lyciennes, dans E. Babelon. *Perses Achéménides*, Introd., p. xc à cxii, et p. 68, 76, 77, 80.

Calcédoine saphirine. Cachet perse ou peut-être lycien; tige conoïde à huit pans, munie, sur deux de ses faces, de petites douilles circulaires dans lesquelles s'engagaient les pivots d'un anneau de suspension.

Haut., 11 mill.; larg., 14 mill.; hauteur de la tige, 18 mill.

Comparez : F. Lajard, *Le culte de Mithra*, pl. XLV, fig. 16.

23 (Pl. IV). Scène composée d'un homme, d'un lion et d'un sphinx. L'homme et le lion, au registre supérieur, sont représentés de profil, tournés en sens inverse; le lion bondit, tandis que l'homme, les jambes ployées, paraît appuyer les bras sur la croupe du fauve. La tête de l'homme avec ses cheveux longs et striés, est de style égyptisant. Au registre inférieur, un sphinx ailé, accroupi, de profil, les cheveux striés. Dans le champ, une sorte de bâtonnet et deux globules. Le sol est représenté par des stries parallèles entre deux lignes.

Travail barbare, inspiré de l'art égyptien.

Agate grise, rubannée. Cachet à tige conoïde, irrégulière, arrondie et percée d'un trou de suspension.

Haut., 21 mill.; larg., 10 mill.; haut. de la tige, 16 mill.

IV

SCARABÉES ET SCARABÉOÏDES

24 (Pl. IV). **Scarabée à tête d'épervier,** muni de quatre ailes éployées. Au dessus et au dessous, un sceau égyptien, avec son anneau. Cercle au pourtour. Gravure peu profonde; cassures.

Améthyste claire. Scarabée phénicien à sujet égyptien, de basse époque, percé d'un trou longitudinal.

Haut., 19 mill.; larg., 14 mill.

Trouvé à Corneto (Étrurie) et passé des mains de M. Auguste Dutuit dans celles de M. Pauvert de La Chapelle.

25 (Pl. IV). **La déesse Sekhet, debout, de profil.** Sa tête de lionne est surmontée du disque solaire et de l'uraeus; un voile lui couvre le derrière de la tête et elle est vêtue d'une robe talaire; d'une main elle tient une longue tige de lotus et de l'autre, la croix ansée. Dans le champ, deux tablettes rectangulaires. Cercle au pourtour.

Jaspe vert foncé. Scarabée phénico-sarde à sujet égyptien, percé d'un trou longitudinal.

Haut., 13 mill.; larg., 9 mill.

Trouvé dans l'Italie méridionale.

26 (Pl. IV). **Horus agenouillé sur le calice d'une fleur de lotus.** Le dieu, vu de profil, est imberbe et nu; il est muni de quatre ailes éployées et sa tête est coiffée du skhent. D'une main il tient le sceptre recourbé et il présente en avant l'autre main levée et étendue. La tige de lotus est accostée de deux uraeus qui dressent la tête; le sol est représenté par un quadrillé. Cercle au pourtour.

Jaspe vert foncé. Scarabée sarde à sujet égyptien, d'un travail remarquable, percé d'un trou longitudinal. Cassure transversale.

Haut., 19 mill.; larg., 14 mill.

27 (Pl. IV). **Deux rois égyptiens adorant Horus.** Le jeune dieu, nu, est assis de profil sur le chapiteau d'une colonne; il est nu-tête, portant un doigt à ses lèvres, et tenant de l'autre main le sceptre appuyé sur son épaule. Au dessus de lui, plane le globe solaire muni de deux grandes ailes éployées et retombantes. Les deux rois sont symétriquement placés en regard, de chaque côté de la statue d'Horus; coiffés du skhent, ils tiennent l'un et l'autre une amphore et le sceptre recourbé à tête de lévrier, surmonté du disque solaire dans un croissant. Le sol est représenté par un quadrillé. Cordelette au pourtour.

Calcédoine saphirine. Scarabée phénicien, à sujet égyptien, percé d'un trou longitudinal.

Haut., 16 mill.; larg., 12 mill.

Trouvé en Asie-Mineure.

28 (Pl. IV). **Horus, à tête d'épervier.** Le dieu est coiffé du skhent, et représenté de profil, entièrement nu, un genou en terre; il tient la main gauche baissée; la main droite portée en avant, fait le geste de la bénédiction. Devant la tête d'Horus, une étoile. Cordelette au pourtour.

Cornaline. Scarabée phénicien, percé d'un trou longitudinal.

Haut., 13 mill.; larg., 9 mill.

Comparez les représentations d'Ammon, avec un corps d'homme et une tête de bélier (*Dictionn. des antiquités gr. et rom.* de Daremberg et Saglio, v°. *Ammon*, fig. 260).

29 (Pl. IV). **L'épervier d'Horus,** debout de profil, sur un omphalos recouvert d'un treillis; il est coiffé du skhent et il porte le sceptre et le fléau; de son aile étendue en avant il protège un uraeus dressé devant lui. Cordelette au pourtour.

Jaspe vert foncé. Scarabée phénico-sarde à sujet égyptien, percé d'un trou longitudinal.

Haut., 14 mill. ; larg., 11 mill.

Provient de Sardaigne. Comparez deux scarabées sardes analogues, au Musée britannique (*Catalogue of engraved gems*, nos 155 et 186).

30 (Pl. IV). **Le sistre d'Hathor.** Il est placé entre deux lions héraldiques, assis, disposés dos à dos et détournant la tête pour se regarder. Cercle au pourtour.

Pâte de verre bleu tendre. Scarabée égyptien, de basse époque, percé d'un trou longitudinal.

Haut., 21 mill. ; larg., 16 mill.

Trouvé en Égypte.

31 (Pl. IV). **Lion dévorant un chasseur** renversé sur le dos. Dessous, l'épervier égyptien, de face, avec sa queue en éventail et ses grandes ailes éployées. Dans le champ, sous le lion, un globule et un petit quadrupède. Sujet gravé au trait.

Jaspe vert foncé. Scarabée à sujet égyptisant, percé d'un trou longitudinal.

Haut., 21 mill. ; larg. 15 mill.

Trouvé en Étrurie. Comparez, pour le style, le no 33, ci-après.

32 (Pl. IV). Scène barbare disposée en trois registres. Au registre supérieur, en partie disparu par suite d'une cassure, il semble qu'on distingue une rangée d'oiseaux. Dans le registre central, un autel surmonté du globe solaire dans un croissant, et accosté de deux personnages assis (l'un des deux est mutilé) ; le personnage de droite, assis de profil et vêtu d'une tunique talaire, joue de la lyre. Au registre inférieur on ne distingue plus que deux personnages, l'un debout, l'autre assis. Cette représentation paraît inspirée de l'art égyptien.

Jaspe brun. Scarabée percé d'un trou longitudinal, les bords mutilés.

Haut., 20 mill. ; larg., 15 mill.

Trouvé à Cornéto.

33 (Pl. IV). **Pêcheur tenant un poisson.** Le personnage, debout de profil, vêtu d'une tunique courte, frangée, les bras et les jambes indiqués seulement par des traits, tient suspendu devant lui un énorme poisson de la famille de la seiche ou du turbot et qui est aussi grand que le pêcheur. Dans le champ, deux globules. Travail barbare, gravé à la pointe et qui semble inspiré de l'art égyptien.

Jaspe brun rougeâtre. Scarabéoïde percé d'un trou longitudinal.

Haut., 19 mill.; larg., 15 mill.

Trouvé à Montalcino, province de Sienne. Comparez, pour le style, le scarabée ci-dessus, nº 31, et surtout un scarabéoïde du Musée britannique, trouvé à Camiros (*A Catalogue of engraved gems in the British Museum*, nº 128).

34 (Pl. IV). **Tête de taureau (bucrane), de face,** avec de longues cornes retombantes; les yeux sont indiqués par deux globules; de chaque côté du museau, un emblème incertain qui paraît être un petit serpent (*uraeus*). Dessous, une ligne en demi-cercle. Travail rude et barbare.

Jaspe brun. Scarabée percé d'un trou longitudinal.

Haut., 20 mill.; larg., 14 mill.

Trouvé à Cypre; offert à M. Pauvert de La Chapelle par le fils du comte Tyszkiewicz, en souvenir de son père.

35 (Pl. IV). **Sphinx couché.** Il est imberbe, les cheveux striés sur le cou, et muni de longues ailes allongées; sa queue relevée est fourchue du bout. Dans le champ, des symboles de l'alphabet hétéen, savoir : la tête de bouquetin, le groupe de trois globules répété trois fois, et le signe ∽.

Jaspe brun-rougeâtre, tacheté. Scarabéoïde hétéen percé d'un trou longitudinal.

Haut., 19 mill.; larg., 16 mill.

Comparez des scarabéoïdes publiés par F. Lajard, *Le culte de Mithra*, pl. LXIX, fig. 6; C. W. King, *Antique gems and rings*, t. II, pl. III, fig. 9; *British Museum. A Catalogue of engraved Gems*, nº 112; Perrot et Chipiez, *Hist. de l'art dans l'antiquité*, t. VI, p. 851, fig. 5.

36 (Pl. IV). **Pontife égorgeant un taureau.** Le personnage, vu de profil, a une barbe courte et ses cheveux sont retenus par un bandeau; il est vêtu d'une robe à franges fendue sur le devant, laissant à nu la jambe gauche portée en avant; par dessus la robe, un court manteau recouvrant la poitrine; les bras sont nus. De la main gauche il soulève par une jambe de derrière un taureau renversé la tête en bas; il pose le pied gauche sur une des cornes de l'animal. La scène est dominée par le globe muni de deux grandes ailes retombantes, emblème de la divinité. Le sol est représenté par un treillis. Cordelette au pourtour.

Calcédoine saphirine brûlée. Scarabéoïde phénicien, du plus beau style, muni de sa monture antique en or.

Haut., 28 mill.; larg., 17 mill., monture comprise.

Comparez le même sujet sur un jaspe de l'ancien fonds du Cabinet des Médailles : Raoul Rochette, *Mémoires d'archéologie comparée. Premier mémoire*, pl. VI, fig. 2; Chabouillet, *Catalogue des Camées*, etc., n° 1023.

37 (Pl. IV). **Lion ailé, rugissant, vu de profil** (*Kéroub*). Il a des oreilles de taureau et une corne d'aegagre; sa crinière et son encolure cambrée rappellent celles du cheval; sa queue relevée se termine par une houpette bouletée; ses pattes de devant sont celles d'un lion; celles de derrière se terminent en serres d'aigle.

Calcédoine saphirine. Scarabéoïde perse de l'époque achéménide, perforé longitudinalement.

Long., 27 mill.; larg., 21 mill.

Trouvé à Hémione, dans le Péloponnèse.

Comparez le n° 21, ci-dessus. Une figure semblable est aussi sur des scarabéoïdes perses de l'ancien fonds du Cabinet des Médailles (Chabouillet, *Catalogue*, nos 1036 et suiv., 1086, 1087 et 1090; E. Babelon, *La gravure en pierres fines*, p. 57, fig. 28) et sur un petit bas-relief en grès jaunâtre de la collection de Luynes (E. Babelon, *Le Cabinet des Antiques à la Bibliothèque nationale*, p. 181 et pl. L; cf. p. 184, vignette; M. Dieulafoy, *L'Acropole de Suse*, p. 315); voyez aussi : Roscher, *Ausf. Lexicon der Mythologie*, t. I, col. 1775; A. Furtwaengler, *Beschreibung der geschnitt. Steine*, pl. 4, n° 188. Ces quadrupèdes fantastiques, dérivés des *Kéroubim* assyriens (cf.

Collection de Clercq, t. II, pl. X, fig. 9) se rattachent très étroitement à plusieurs monstres du même ordre sculptés sur les parois des palais de Suse et de Persépolis (par exemple, Dieulafoy, *op. cit.*, pl. XI en couleur).

38 (Pl. IV). **Bouquetin ailé, bondissant;** les ailes sont recroquevillées et les articulations des pattes sont marquées par des globules. Travail perse, de l'époque achéménide.

Calcédoine brûlée, jaunâtre. Scarabéoïde perforé d'un trou longitudinal.

Long., 29 mill.; larg., 22 mill.

Trouvé à Rome, auprès de l'arc de Gallien.

39 (Pl. IV). **Tête de Patèque phénicien,** barbu, de face, avec de longues oreilles; cette tête, qui rappelle celle du dieu Bès, est surmontée d'une aigrette de plumes disposées en éventail et accostées de deux uraeus; le front est bombé, les yeux énormes, et la barbe longue est particulièrement bien peignée. Cordelette au pourtour. Travail inspiré de l'art égyptien.

Jaspe vert foncé. Scarabée phénico-sarde percé d'un trou longitudinal.

Haut., 14 mill.; larg., 10 mill.

Provient de la collection Castagnini. Comparez une tête de Patèque phénicien analogue, sur un scarabée de la collection de Luynes, trouvé à Tortose en Phénicie (*Gazette archéologique*, t. II, 1876, p. 147).

40 (Pl. IV). **Melqart ailé, tenant deux lions.** Le dieu phénicien a un corps d'homme et sa tête simiesque, à cheveux hérissés, à longue barbe en éventail, rappelle celle du dieu Bès. Il est nu, le corps de profil, le visage de face. Ses épaules sont munies de quatre ailes recroquevillées, et il a, en outre, des ailerons aux chevilles. Les bras en croix, il tient dans chaque main la patte de derrière d'un lion renversé la tête en bas et rugissant. Cordelette au pourtour.

Calcédoine brûlée, gris-cendré. Scarabéoïde phénicien percé d'un trou longitudinal.

Haut., 18 mill.; larg., 13 mill.

Comparez les monstres analogues représentés sur d'autres scarabées ou cachets : F. Lajard, *Le culte de Mithra*, pl. XXXIV, fig. 14; pl. XLVI, fig. 10; pl. LI, fig. 7; pl. LXIX, fig. 3 et 5; *Mémoires de l'Acad. des Inscript. et B. Lettres*, nouv. sér., t. XVII, 2e part., pl. V, nos 6 à 8 et 17 à 20; A. della Marmora, *Sopra alcune antichità sarde*, dans *Mémoires de l'Acad. de Turin*, 2e série, t. XIV, pl. B, nos 69 à 73; Raoul Rochette, *Mémoires d'archéologie comparée. Premier mémoire*, pl. V, fig. 8 et 18; pl. VI, fig. 3 à 13; Chabouillet, *Catalogue*, no 1060.

41 (Pl. V). **Centaure tenant un sanglier.** Le monstre, avec sa longue barbe, a un visage qui rappelle ceux de Melqart et des patèques phéniciens; il a des oreilles de taureau et ses épaules sont munies d'ailes recroquevillées; ses jambes de devant, représentées dans l'attitude de la course, sont entièrement humaines; son arrière-train seul est celui du cheval. Les bras tendus en avant il tient des deux mains les pattes de derrière d'un sanglier ainsi suspendu la tête en bas. Cercle de denticules au pourtour.

Cornaline. Scarabée phénicien percé d'un trou longitudinal.

Haut., 15 mill.; larg., 11 mill.

Comparez : F. Lajard, *Le culte de Mithra*, pl. LXVIII, fig. 19 et 20; Raoul Rochette, *Mémoires d'archéol. comparée. Premier mémoire*, pl. V, fig. 7 et 19.

42 (Pl. V). **Protomés de lion et de sanglier,** accolées en sens inverse. Cercle au pourtour. Travail sec, intaille peu profonde.

Jaspe vert. Scarabée phénico-sarde percé d'un trou longitudinal.

Haut., 12 mill.; larg., 9 mill.

Trouvé en Asie Mineure. Comparez le no 43 ci-après.

43 (Pl. V). **Protomés de lion et de sanglier,** accolées en sens inverse. Cercle de denticules au pourtour. Travail vigoureux, intaillé profondément.

Jaspe vert foncé; bord un peu fragmenté. Scarabée phénico-sarde percé d'un trou longitudinal.

Haut., 13 mill.; larg., 9 mill.

Trouvé en Sardaigne. Comparez un autre scarabée sarde représentant les protomés d'un lion et d'un taureau ailés, accolées en sens inverse

(C. W. King, *Antique gems and rings*,, t. II, pl. XVI, fig. 10); voyez aussi les monnaies d'Asie Mineure, du VIe siècle environ, qui représentent des protomés d'animaux soudées de la même façon (Barclay V. Head, *The Coinage of Lydia and Persia*, pl. I, fig. 6; E. Babelon, *Les Perses Achéménides*, Introd., p. XCIV et XCVIII).

44 (Pl. V). **Monstre ailé,** à tête de sanglier et à jambe humaine. La tête et les pattes sont celles du sanglier, les ailes sont recroquevillées; le bas du corps est humain et se termine par une jambe agenouillée.

Cercle de denticules au pourtour. Style archaïque de l'Asie Mineure (peut-être lycien).

Calcédoine. Scarabéoïde percé d'un trou longitudinal.

Haut., 13 mill.; larg., 10 mill.

45 (Pl. V). **Harpye de face,** la tête tournée à droite; elle est sans bras; ses deux ailes sont éployées de chaque côté du corps et sa queue s'étale en éventail. Ce sujet, fragmenté, est gravé en relief au dos d'un scarabée; on l'a substitué à la carapace de l'animal.

Au revers, c'est-à-dire à la base du scarabéoïde, était gravée en creux la figure d'une autre Harpye; il n'en reste qu'une portion, par suite de la mutilation du monument.

Cornaline. Fragment de scarabéoïde perforé; sur la tranche, une double rangée de denticules inclinés en sens inverse.

Haut., 12 mill.; larg., 8 mill.

Provient de l'Étrurie. Comparez le n° 76, ci-après.

46 (Pl. V). **La Chimère.** Elle est de profil et rugissant, la tête baissée, les pattes de devant en avant. Sa tête d'aegagre se dresse à la base de sa crinière de lion; sa queue se termine en tête de serpent. Cercle de denticules au pourtour.

Cornaline. Scarabée étrusque percé d'un trou longitudinal.

Haut., 13 mill.; larg., 9 mill.

Provient de la collection Martinetti; comparez la grande Chimère en bronze du musée étrusque de Florence; voyez aussi un scarabée trouvé à Egine : F. Lajard, *Le culte de Mithra*, pl. XLVI, fig. 2 (voyez ci-après le n° 139).

47 (Pl. V). **Sphinx dévorant un héros Thébain.** Le monstre ailé, accroupi, vu de profil, étreint dans ses griffes de devant le corps d'un homme renversé sur le dos et dont les jambes se raidissent de chaque côté des flancs de l'animal. Excellent style étrusque.

Cornaline. Scarabée percé d'un trou longitudinal.

Haut., 15 mill.; larg., 12 mill.

Trouvé à Orviéto. Comparez le n° 94 ci-après; voyez aussi le même sujet au musée de Berlin (A. Furtwaengler, *Beschreibung der geschn. Steine*, pl. IV, fig. 141).

48 (Pl. V). **Sphinx dévorant un antilope.** Le sphinx, vu de profil, les ailes recroquevillées, pose l'une de ses griffes sur la croupe de l'antilope agenouillé devant lui, la tête sur le sol. Cercle de denticules au pourtour. Excellent style étrusque.

Cornaline. Scarabée percé d'un trou longitudinal.

Haut., 17 mill.; larg., 13 mill.

Trouvé à Orviéto.

49 (Pl. V). **Griffon** en arrêt, le bec entr'ouvert. Ses longues ailes se déploient en éventail. Le poitrail et une des pattes de devant ont disparu par suite d'une cassure. Excellent style grec.

Calcédoine saphirine brûlée. Scarabéoïde percé d'un trou longitudinal.

Longueur, 24 mill.; larg., 18 mill.

Provient du Péloponnèse.

50 (Pl. V). **Protomé de lion rugissant,** de profil, la patte avancée. La crinière est figurée par deux rangées de globules et des lignes qui se croisent. Grènetis au pourtour. Travail rude et sec.

Cornaline. Scarabée étrusque percé d'un trou longitudinal.

Haut., 11 mill.; larg., 8 mill.

Trouvé en Étrurie; provient de la collection Martinetti.

51 (Pl. V). **Lionne, de profil,** allaitant son lionceau au pied d'un palmier chargé de fruits. Au second plan, la silhouette de deux sommets de montagnes.

Cornaline. Scarabée percé d'un trou longitudinal (cassure à la tête du scarabée).

Haut., 13 mill. ; larg., 10 mill.

Provient de Cypre.

52 (Pl. V). **Lion accroupi,** de profil, et dévorant sa proie. Grènetis au pourtour. Travail rude et sec.

Cornaline. Scarabée scié.

Haut., 14 mill. ; larg., 10 mill.

Provient de l'Italie méridionale et a fait partie de la collection Sant' Angelo, à Naples. Comparez : Furtwaengler, *Beschreibung der geschn. Steine*, pl. VI, n° 309.

53 (Pl. V). **Lion passant,** regardant de face. Devant lui, une tige pommetée fixée en terre (un arbre?); sous son ventre, un globule. Le sol est figuré par un treillis. Cordelette au pourtour.

Jaspe vert foncé. Scarabée phénico-sarde, percé d'un trou longitudinal.

Haut., 17 mill. ; larg., 12 mill.

Comparez : A. Furtwaengler, *Beschreibung der geschn. Steine in Antiquarium zu Berlin*, pl. XXXVIII, n° 5340.

54 (Pl. V). **Lion passant,** regardant de face. Devant lui, deux tiges (arbres ou flèches ?) fixées en terre. Le sol est figuré par un treillis. Cordelette au pourtour.

Jaspe vert foncé. Scarabée phénico-sarde percé d'un trou longitudinal.

Haut., 16 mill. ; larg., 11 mill.

Provient de Caserte.

55 (Pl. V). **Deux lions dévorant un taureau.** Le taureau est debout, fléchissant les pattes de devant sous l'étreinte de ses deux agresseurs. L'un des lions s'élance du haut d'un monticule. Sous le taureau, deux arbustes. Le sol est représenté par un treillis. Cercle au pourtour.

Jaspe vert foncé. Scarabée phénico-sarde percé d'un trou longitudinal.

Haut., 16 mill. ; larg., 12 mill.

Trouvé à Agrigente, et acquis à la vente Alessandro Castellani, en 1884 (*Catalogue des objets d'art antiques... de la succession Alessandro Castellani* [par W. Frœhner], vente de Rome, n° 976). Comparez : Imhoof-Blumer et O. Keller, *Tier und Pflanzenbilder*, pl. XIV, fig. 41 ; *British Museum, Catalogue of engraved gems*, n° 197.

56 (Pl. V). **Lion dévorant un taureau.** Le lion s'élance par derrière sur la croupe du taureau; celui-ci debout, arrêté dans sa fuite, détourne la tête pour regarder son agresseur. Cercle de denticules au pourtour; bords mutilés. Style rude et sec.

Agate rubanée. Scarabée percé d'un trou longitudinal.

Haut., 19 mill.; larg., 14 mill.

Provient de l'Italie méridionale. Comparez, entre autres, Chabouillet, *Catalogue*, n° 1078; Furtwaengler, *Beschreibung der geschn. Steine*, pl. III, fig. 113.

57 (Pl. V). **Biche et cerf** en marche, l'un derrière l'autre. Les bords sont écaillés.

Cristal de roche. Scarabéoïde percé d'un trou longitudinal.

Long., 35 mill.; larg., 28 mill.

Trouvé en Sicile. Ce scarabéoïde a fait partie de la collection Sant' Angelo, à Naples.

58 (Pl. V). **Lion dévorant un cerf.** En haut, le globe solaire dans un croissant, accosté de deux autres globes entourés chacun d'un cercle. Cercle de denticules au pourtour.

Agate grise, rubanée. Scarabée percé d'un trou longitudinal.

Haut., 15 mill.; larg., 13 mill.

Provient de l'Étrurie. Comparez, entre autres, Chabouillet, *Catalogue*, n° 1923.

59 (Pl. V). **Lion dévorant un cerf.**

Scarabéoïde percé d'un trou longitudinal. Sur la partie convexe, l'inscription suivante, qui paraît avoir été gravée postérieurement :

ΣΙΣΙΣΓ
ΣΡΓΡ
ΓΓΓΓ

Il s'agit vraisemblablement d'une formule cabalistique écrite dans un alphabet de convention.

Calcédoine blonde et rougeâtre.

Long., 38 mill.; larg., 30 mill.

Provient d'Orient. On peut comparer pour le sujet : J. Mariette, *Traité des pierres gravées*, t. II, pl. CXXX; Imhoof-Blumer et O. Keller, *Tier und Pflanzenbilder*, pl. XIV, n°s 30 à 32; Furtwaengler, *Beschreibung der geschn. Steine*, pl. VI, fig. 308.

60 (Pl. V). **Lion dévorant un cerf.** Le cerf est renversé sur le dos. Dans le champ, une sorte de tige noueuse (massue?).

Scarabée en argent, percé d'un trou longitudinal.

Haut., 9 mill.; larg., 7 mill.

Provient de Sarteano ou de Chiusi. Comparez pour le sujet : Chabouillet, *Catalogue*, n° 1922.

61 (Pl. V). **Vache allaitant son veau** et détournant la tête. Devant elle, un arbuste. Cercle de denticules au pourtour.

Jaspe vert foncé. Scarabée phénico-sarde percé d'un trou longitudinal. Le dos a disparu par suite d'une cassure.

Haut., 16 mill.; larg., 12 mill.

Provient de la collection Castagnini.

62 (Pl. V). **Taureau cornupète,** de profil. Cercle de denticules au pourtour. Cassure au bord inférieur. Travail oriental (sassanide?).

Prase. Scarabée percé d'un trou longitudinal.

Haut., 19 mill.; larg., 12 mill.

63 (Pl. V). **Protomé de taureau cornupète,** de profil. Excellent style grec.

Calcédoine rayée. Scarabéoïde percé d'un trou longitudinal.

Long., 22 mill.; larg., 17 mill.

Provient de l'Italie méridionale. Comparez les monnaies de Samos (B. Head, *Catalogue of the greek coins of Ionia*, pl. XXXIV, XXXV et XXXVI).

64 (Pl. V). **Cheval, de profil, baissant la tête.** Fragment : manquent les jambes et la tête du cheval. Cercle au pourtour.

Cornaline. Scarabéoïde ; la carapace de l'insecte est remplacée par un lion couché, détournant la tête. La moitié du lion manque par suite de la cassure déterminée par le trou longitudinal dont la gemme est perforée.

Long., 25 mill. ; larg., 9 mill.

Ce scarabéoïde a fait partie de la collection Sant' Angelo, à Naples.

65 (Pl. VI). **Cheval bridé, au galop.** Cercle de denticules au pourtour. Cassures sur les bords.

Cornaline. Scarabéoïde percé d'un trou longitudinal.

Long., 15 mill. ; larg., 12 mill.

Comparez : F. Imhoof-Blumer et O. Keller, *Tier und Pflanzenbilder*, pl. XVI, fig. 40; A. Furtwaengler, *Beschreibung*, pl. VI, n° 303.

66 (Pl. VI). Scarabée en pâte de verre bleue, serti dans une monture en or ornée de guillochages ; sur la base, aussi en or, est représenté un lion qui bondit sur un cheval ; dans le champ, un globule. Une tige d'or, recourbée en anse de panier, et mobile, sert d'anneau de suspension au scarabée.

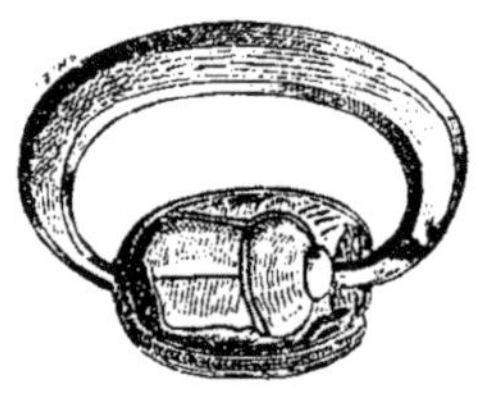

N° 66.

Haut., du scarabée, 14 mill. ; larg., 10 mill. sans l'anse.

Trouvé à Civita Castellana.

67 (Pl. VI). **Bélier de profil.** Dans le champ, BPYH≷I≷. Excellent style grec archaïque.

Calcédoine saphirine brûlée. Scarabéoïde percé d'un trou longitudinal.

Haut., 17 mill. ; larg., 13 mill.

Provient des îles Ioniennes.

Le nom propre, de forme ionienne, βρύησις, est le nom du possesseur primitif de la gemme ; c'est le même nom que celui de βρύασσις signalé dans une inscription attique, et celui de βρύαξις, porté notamment par un sculpteur célèbre, contemporain des premiers successeurs d'Alexandre le Grand.

68 (Pl. VI). **Le chien Argus, assis,** de profil, levant une patte de

devant et détournant la tête. Sur son dos, grimpe une sauterelle; dans le champ, devant lui, une mouche vue de dos. Cercle de denticules au pourtour. Style grec archaïque.

Cornaline brûlée, taches grises. Scarabée percé d'un trou longitudinal.

Haut., 16 mill.; larg., 12 mill.

Acquis à la vente de la collection Alessandro Castellani en 1884 (*Catalogue des objets d'art... dépendant de la succession Alessandro Castellani* [par W. Froehner], vente de Rome, n° 961). On pourrait reconnaître aussi bien, ici, avec M. Frœhner : « Le chien d'Ulysse assis, tourmenté par deux moucherons. » Comparez : Imhoof-Blumer et O. Keller, *Tier und Pflanzenbilder*, pl. XV, fig. 30.

69 (Pl. VI). **Serpent au pied d'un palmier** chargé de fruits; le reptile se dresse pour dévorer un petit animal indistinct grimpé sur le tronc de l'arbre. Dans le champ, **ΒΙΩΝΟΣ**. Cercle dentelé au pourtour.

Agate grise, veinée. Scarabée percé d'un trou.

Haut., 13 mill.; larg., 10 mill.

Provient de l'Asie Mineure. Le nom de βίων, au génitif, est un nom de possesseur.

70 (Pl. VI). **Dauphin** entouré de sept globules ou coquillages. Cercle de denticules au pourtour.

Jaspe vert pâle. Scarabéoïde; la carapace de l'insecte est remplacée par une tête de Gorgone, de face. Trou longitudinal.

Haut., 11 mill.; larg., 8 mill.

Provient de l'Étrurie.

71 (Pl. VI). **Héros sur un cygne.** Le personnage nu, barbu, est à califourchon sur le cygne qui l'emporte en battant des ailes. Dans le champ, devant le cou du cygne, **ΕΡΩΣ**. Champ en losange, limité par une ligne de denticules. Style grec archaïque.

Agate tachetée, grisâtre, taillée en fuseau et percée d'un trou longitudinal.

Long., 23 mill.; diam., 12 mill.

Trouvé dans le Péloponnèse.

72 (Pl. VI). **Quatre petites ampoules** (*aryballes*) de forme globuleuse, munies chacune de deux anses et opposées deux à deux.

Scarabéoïde en agate rubanée. A la place de la carapace de l'insecte, deux protomés de lion en relief, placées côte à côte, mais dirigées en sens inverse.

Long., 18 mill.; larg., 10 mill.

Trouvé en Crète.

73 (Pl. VI). **Pallas.** Buste de profil, avec un casque attique à cimier et un collier au cou. Grènetis au pourtour. Style archaïque.

Cornaline. Scarabée percé d'un trou longitudinal (le dos est fragmenté).

Haut., 10 mill.; larg., 7 mill.

Provient de la collection Abati.

74 (Pl. VI). **Pallas** (ou **Jeune guerrier**). Tête de profil, avec un casque *aulopis* et un collier au cou; le timbre du casque est ceint d'une couronne de laurier. Dans le champ, devant la tête, l'inscription : ΓVΘOHA et derrière la tête Ξ.

Style cypriote.

Calcédoine veinée. Scarabéoïde percé d'un trou longitudinal.

Haut., 15 mill.; larg., 11 mill.

Trouvé à Cypre et offert à M. Pauvert de La Chapelle par le fils du comte Tyszkiewicz en souvenir de son père. Le nom Πυθοηα paraît une forme cypriote dérivée de Πύθος, Πυθώ, Πυθών. Comparez la même tête de Pallas, sur une pierre gravée de la collection de Luynes, au Cabinet des Médailles (*Gazette archéologique*, t. II, 1876, p. 147) et sur d'autres, du Musée britannique (*Catalogue of engraved Gems*, n°s 167 et 253).

75 (Pl. VI). **Tête d'homme imberbe,** de profil, le crâne démesurément allongé, les cheveux courts et striés. Cercle de denticules au pourtour.

Cornaline brûlée; taches grises. Scarabée percé d'un trou longitudinal.

Haut., 15 mill.; larg., 11 mill.

Provient de l'Étrurie.

74. Je lirai ΠVΘONAΞ. Pierre [illegible] cypriote

76 (Pl. VI). **Personnage tenant une outre** (?). Il est nu, vu de profil ; l'objet qu'il tient devant lui paraît être une outre gonflée. Fragment : il ne reste que le buste du personnage qui est imberbe et peut-être coiffé d'un pétase, comme Hermès (on pourrait songer aussi à un Satyre ou à Castor). Cercle au pourtour.

Fragment de scarabéoïde perforé. A la place de la carapace de l'insecte, un buste de Harpye, de face, en relief, les ailes recroquevillées et écartant les deux bras symétriquement, les mains ramenées sous les seins. Il manque tout le bas du corps à partir des seins. Surface bombée ; style étrusque.

Cornaline.

Dimensions du fragment : 12 mill. sur 7 mill.

Provient de la collection Martinetti. La Harpye étrusque, vue de face, se rencontre analogue sur divers monuments ; voyez entre autres une terre cuite du Cabinet des médailles (*Gazette archéologique*, t. XII, 1887, pl. XXXIV). Le personnage mutilé qui tient une outre se rattache aux gemmes qui représentent soit des Satyres portant des outres, soit un des compagnons d'Ulysse portant l'outre des Vents, ou Castor puisant de l'eau à la fontaine des Bébryces (E. Babelon, *Le Cabinet des Antiques*, p. 21 et 157). Cf. le n° 45 ci-dessus.

77 (Pl. VI). **Apollon debout, à côté d'un cerf.** Le dieu, vu de profil, est vêtu d'un chiton court, serré à la taille; d'une main avancée il tient son arc; de l'autre, ramenée en arrière, il tient une flèche. Le cerf marche à sa gauche. Grènetis au pourtour. Style grec archaïque.

Agate grise, rubanée. Scarabée percé d'un trou longitudinal.

Haut., 10 mill. ; larg. 8 mill.

Trouvé à Cervétri.

78 (Pl. VI). **Archer grec agenouillé.** Il est imberbe, de profil, un genou en terre, coiffé d'un casque muni d'un apex et d'un couvre-nuque. Le corps parait couvert d'une sorte de maillot collant, en cuir où en laine, avec des armilles aux chevilles. Son carquois est suspendu à son côté par deux lanières qui

ceignent les reins; devant lui est son arc; des deux mains il tient une flèche dont il paraît vérifier la rectitude. Style grec archaïque, travail des plus remarquables.

Cristal de roche. Scarabéoïde percé d'un trou longitudinal.

Haut., 20 mill.; larg., 15 mill.

Trouvé à Samos. Cette gemme est, par son beau style, une des plus importantes de la collection; le geste que fait l'archer paraissant redresser une flèche, est pareil à celui du satrape Mazaios au revers de ses monnaies (E. Babelon, *Les Perses Achéménides*, pl. IV, fig. 15 et 16); comparez aussi une pierre gravée de style grec, dans *The Lewis collection of gems and rings in the possession of Corpus Christi College, Cambridge*, p. 28, fig. 3.

79 (Pl. VI). **Archer oriental tirant de l'arc.** Il est représenté barbu, de profil, un genou en terre, coiffé de la peau de lion comme Héraclès, le torse couvert d'une cuirasse à lambrequins, et ayant des cnémides aux jambes; d'une main portée en avant il tient son arc et l'autre bras est replié en arrière. Derrière lui, une sorte de double cordelette à glands (peut-être une fronde?); à ses pieds, une flèche.

Jaspe vert foncé. Dessous d'un scarabée scié.

Haut., 15 mill.; larg., 11 mill.

Provient de la collection Depolletti. Le type représente peut-être le Melqart phénicien.

80 (Pl. VI). **Ganymède agenouillé,** nu, vu de profil, les jambes très écartées, le genou droit en terre. Sur le bras gauche tendu en avant il porte un coq qui paraît battre des ailes; de la main droite, ramenée en arrière, il tient un *pedum*. Derrière lui, son chien courant.

Scarabéoïde. La carapace de l'insecte est remplacée par un monstre masculin qui rappelle la Harpye, vu de face, barbu, la queue en éventail, les ailes éployées, les bras écartés et les mains ramenées sur les hanches.

Cornaline. Scarabéoïde d'ancien style étrusque, percé d'un trou longitudinal.

Haut., 12 mill.; larg., 10 mill.

Trouvé en Étrurie. Acquis à la vente Castellani en 1884 (*Catalogue des objets d'art... de la succession Alessandro Castellani* [par W. Frœhner], vente de Rome, nº 957).

81 (Pl. VI). **Héros agenouillé,** de profil, et tenant une baguette. Il est entièrement nu, avec une figure juvénile et des cheveux longs ; le coude droit appuyé sur son genou, il tient perpendiculairement une baguette ou un fil à plomb (?) qu'il regarde avec une attention soutenue (une cassure empêche de voir si un objet était suspendu à la baguette). Son bras gauche est pendant à son côté. Cercle de denticules au pourtour.

Cornaline brûlée, gris-cendré. Scarabée étrusque percé d'un trou longitudinal.

Haut., 14 mill. ; larg., 11 mill.

Trouvé à Orviéto. Comparez une intaille qui représente Palamède agenouillé (Panofka, *Gemmen mit Inschriften*, pl. II, nº 20) ; voyez aussi un sujet à peu près analogue, inexpliqué, sur un scarabée du musée de Berlin (A. Furtwaengler, *Beschreibung der geschn. Steine*, pl. IV, fig. 157).

82 (Pl. VI). **Tydée se nettoyant avec le strigile** pour se préparer au combat. Le héros, — l'un des Sept contre Thèbes, — entièrement nu, est debout, incliné de côté, les jambes écartées, et de la main droite appuyant le strigile sur son mollet. Dans le champ, son nom, rétrograde : ƎTVT. Grènetis au pourtour.

Excellent style étrusque ; le sujet est malheureusement fragmenté.

Cornaline. Scarabée percé d'un trou longitudinal.

Haut., 15 mill. ; larg., 11 mill.

Provient de la collection Abati. Un scarabée de l'ancienne collection de Stosch, au musée de Berlin, représente le même sujet (J. Overbeck, *Die Bildwerke zum Thebischen und Troischen Heldenkreis*, p. 129, et *Atlas*, pl. V, fig. 7 ; Creuzer, trad. Guigniaut, *Religions de l'antiquité*, pl. CCXI, nº 722 ; Panofka, *Gemmen mit Inschriften*, pl. II, nº 16 ; C. W. King, *Antique gems and rings*, t. II, pl. XLII, fig. 5 ; J. H. Krause, *Pyrgoteles*, pl. I, fig. 18 ; Muller et Wieseler, *Denkmæler der alten Kunst*, 2e édit., t. I, pl. LXIII, fig. 320 ; A. Furtwaengler, *Beschreibung der geschn. Steine*, pl. V, nº 195).

83 (Pl. VI). **Hermès attachant ses endromides.** Le dieu, imberbe et nu, est de profil assis sur le sol, une jambe repliée sous lui ; il s'apprête à fixer à la cheville de son autre jambe une de ses endromides qu'il tient des deux mains. Dans le champ, le monogramme ⊦Δ.

Le haut de la tête d'Hermès est endommagé par une cassure ; le dieu avait probablement des ailerons aux tempes. Style grec ; travail des plus remarquables.

Agate grise, veinée. Scarabéoïde percé d'un trou longitudinal.

Haut., 21 mill. ; larg., 16 mill.

Trouvé en Asie Mineure, sur un point des côtes de la mer Noire. Le sujet rappelle d'une manière très étroite des pierres gravées qui représentent Philoctète pansant sa blessure sur son rocher de Lemnos (L. Milani, *Il mito di Philottete*, pl. II, fig. 34 à 38).

84 (Pl. VI). **Philoctète à Lemnos.** Le héros, entièrement nu, barbu, est debout de profil, entouré d'une guirlande de feuillage ; il s'appuie d'une main sur un bâton, et il étend l'autre dans un geste de douleur, en regardant un jeune homme, sans doute Pylios, fils d'Héphæstos, qui, accroupi devant lui, lui saisit le pied pour panser sa blessure. Cercle de denticules au pourtour.

Style grec archaïque ; le corps du héros est d'une anatomie remarquable.

Calcédoine brûlée. Scarabée percé d'un trou longitudinal.

Haut., 22 mill. ; larg., 16 mill.

Provient d'Asie Mineure. Le jeune éphèbe qui panse la blessure de Philoctète est, vraisemblablement, Pylios, fils d'Héphæstos, qui, d'après Ptolémée Héphestion (VI, p. 334), guérit Philoctète, à Lemnos et apprit de lui, en récompense, à tirer de l'arc (Comparez : Furtwaengler, *Beschreibung der geschn. Steine*, pl. X, nos 681, 685 et 688 ; voir aussi deux autres gemmes de la collection de Luynes se rapportant au même mythe : E. Babelon, *Le Cabinet des Antiques*, p. 156, nos 3 et 4).

85 (Pl. VI). **Combat d'Héraclès et de Cycnos.** Héraclès nu, la peau de lion sur les épaules, et brandissant sa massue, s'élance sur Cycnos qui, renversé à terre, s'appuie sur son

bouclier; il est nu et coiffé d'un casque. Dans le champ, les noms des deux protagonistes, en caractères étrusques :

ΘEDKΛE et KVKNE

Cercle de denticules au pourtour. Excellent style étrusque.

Cornaline. Scarabée percé d'un trou longitudinal.

Haut., 15 mill. ; larg., 11 mill.

Trouvé à Civita Castellana. Comparez un scarabée du Musée britannique qui représente le même sujet (*Catalogue of engraved gems*, n° 276); voyez aussi une autre pierre gravée pareille, dans Fabretti, *Corpus Inscr. italicarum, Gloss.* v° *Kukne*, col. 952 et v° *Hercle*, col. 583; Creuzer, trad. Guigniaut, *Religions de l'antiquité*, pl. CLXXX *bis*, n° 676 *b.*; Muller et Wieseler, *Denkmæler der alten Kunst*, 2e édit., pl. LXIII, fig. 322; Roscher, *Ausf. Lexicon der Mythologie*, v° *Kyknos*, col. 1692.

86 (Pl. VI). **Poseidon ou Nérée sur un hippocampe.** Le dieu, légèrement barbu, est nu ; une chlamyde est nouée sur ses épaules et le vent en soulève les plis. Il tient de la main droite son trident, et de la gauche, la bride de l'hippocampe qui l'emporte en bondissant sur les flots. Le monstre a des nageoires aux flancs et sa croupe repliée sur elle-même se termine par un double dard comme celle du scorpion.

Cercle de denticules au pourtour. Légères cassures sur le bord. Excellent style grec.

Cornaline brûlée. Scarabée percé d'un trou longitudinal.

Long., 22 mill.; larg., 15 mill.

Provient de la Grèce. Comparez : Overbeck, *Griechische Kunstmythologie. Poseidon*, Gemmentaf. II, nos 13, 14 et 15; Roscher, *Ausf. Lexicon der Mythologie*, v° *Nereus*, col. 247.

87 (Pl. VI). **Le roi mythique de Sicile, Eryx, en Discobole.** Le roi représenté en athlète, est nu, légèrement barbu, debout, courbé en avant; de la main droite baissée il tient le disque qu'il s'apprête à lancer dans un effort vigoureux. Dans le champ, une aryballe suspendue à des courroies et deux cloches gymnastiques. Derrière, le nom étrusque du roi : ΨVQƎ (Ἔρυξ, *Eryx*).

Cercle de denticules au pourtour. Cassure endommageant les jambes du héros.

Cornaline. Scarabée percé d'un trou longitudinal.

Haut., 14 mill.; larg., 10 mill.

Trouvé en Étrurie. Eryx, roi de Sicile, était fils de Butas ou Neptune et de Vénus. D'après Servius (*ad Aen.* I, 570; V, 412), il était d'une force extraordinaire et provoquait au combat du ceste tous les étrangers, puis il opprimait ceux qu'il avait vaincus. Tué par Héraclès, son nom fut donné à la montagne sur laquelle il fut enseveli (cf. Diodore de Sicile, IV, 83, 1). Un autre Discobole est décrit sous notre numéro 132.

88 (Pl. VI). **Guerrier étrusque debout.** Il est de profil et couvert de son armure : casque à haute *crista*, cuirasse à lambrequins, épée courte sur le dos; d'une main il s'appuie sur sa lance et de l'autre sur son bouclier. Manquent le bouclier et la partie inférieure des jambes, par suite d'une cassure. Grènetis au pourtour.

Cornaline. Scarabée scié.

Haut., 13 mill.; larg., 11 mill.

Trouvé dans l'Italie méridionale.

89 (Pl. VI). **Tête d'un guerrier,** barbu, de profil, coiffé d'un casque dont le cimier est terminé en tête d'aigle. Dans le champ, les deux lettres cypriotes [caractères cypriotes] (*Da-ma* rétrograde), initiales d'un nom de possesseur. Cercle au pourtour. Style cypriote archaïque.

Cornaline. Scarabée percé d'un trou longitudinal. Il reste un fragment du fil d'or en tortis qui le traverse de part en part, et qui faisait partie de la monture.

Haut., 10 mill.; larg., 7 mill.

Trouvé en Syrie.

V

INTAILLES A REVERS PLAT

90 (Pl. VII). **Uraeus ailé,** de profil, protégeant un roi égyptien. La tête de l'uraeus est surmontée du globe solaire; son aile se déploie en avant pour couvrir le roi debout devant lui, tenant le fléau et coiffé du skhent. En haut, derrière la tête de l'uraeus, un petit globe sidéral. Style phénico-égyptien.

Cornaline; tranche taillée en biseau.

Haut., 19 mill.; larg., 14 mill.

Trouvé en Italie, dans les environs de Terni.

91 (Pl. VII). **Prométhée créant l'homme.** Le dieu est nu, barbu, une légère chlamyde rejetée sur son dos; penché en avant il est très attentif à son œuvre, achevant de façonner des deux mains une statue humaine. Cette statue représente un homme barbu, nu, auquel manquent encore les bras; les jambes, à partir des genoux, sont remplacées par un cippe.

Cornaline. Tranche en biseau.

Haut., 12 mill.; larg. 10 mill.

Provient de l'Italie méridionale. Comparez ci-après le n° 92, et surtout, le même type sur une pâte de verre du musée de Berlin : Furtwaengler, *Beschreibung der geschn. Steine,* pl. VIII, n° 451; voyez aussi une variante du même sujet dans laquelle le buste humain façonné par Prométhée est soutenu par une sorte de chevalet (κάναβος, *stipes*) au lieu d'un cippe (*Dict. des Antiq. gr. et rom.* de Daremberg et Saglio, v° *Crux*, p. 1575, fig. 2086).

92 (Pl. VII). **Prométhée créant l'homme.** Le dieu est nu, barbu, les cheveux retenus par un bandeau et enroulés sur la nuque, une courte chlamyde rejetée sur son épaule. Penché en avant et attentif à son ouvrage, il tient à la main une longue

baguette avec laquelle il mesure les proportions du buste humain qu'il vient de fabriquer. Ce buste s'arrête aux hanches et n'a encore qu'un seul bras; la tête de l'homme est endommagée par une cassure. Cercle de denticules au pourtour.

Cornaline. Tranche en biseau. Une cassure, qui traverse la gemme de part en part, a été causée accidentellement par Abati qui posséda cette gemme avant M. Pauvert de La Chapelle. Mais une empreinte en plâtre, exécutée avant l'accident, nous permet de juger de la gravure dans tous ses détails; la tête de l'homme façonné par Prométhée était barbue et ressemblait beaucoup à celle du dieu.

N° 92 (agrandi).

Haut., 13 mill.; larg., 11 mill.

Comparez le même sujet sur une intaille de l'ancien fonds du Cabinet des médailles (Chabouillet, *Catalogue*, n° 1710) et sur une autre, du musée de Berlin (Furtwaengler, *Beschreibung*, pl. VIII, n° 446).

93 (Pl. VII). **Lycurgue coupant ses vignes.** Le roi mythique de Thrace, Lycurgue, barbu comme Héraclès, a pour tout vêtement une nébride nouée à son cou et flottant sur son dos; il est chaussé de cothurnes. Des deux mains levées au-dessus de sa tête, il brandit la bipenne avec laquelle il devait se blesser. Un cep de vigne chargé de raisins est entre ses jambes. Cercle de denticules au pourtour.

Cornaline brûlée (blanc laiteux); tranche en biseau.

Haut., 14 mill.; larg., 10 mill.

Trouvé à Saturnia, dans les Maremmes de Toscane. Lycurgue, fils de Dryas, roi de Thrace, ayant osé faire la guerre à Dionysos, en fut sévèrement puni par les dieux. Un jour qu'il voulait donner l'exemple de l'ardeur au travail aux ouvriers chargés d'essarter ses vignes, il se coupa les deux jambes d'un coup de hache. Cette fable a été interprétée dans la gravure de plusieurs intailles; l'une d'elles est dans la collection de Stosch, au musée de Berlin, une autre se trouve au musée de Florence (A. Furtwaengler, *Beschreibung der geschn. Steine*, pl. XXVI, n° 3098; Gori, *Museum Florentinum*, t. I, pl. XCXII, fig. 7). Les traits de Lycurgue sont pareils à ceux d'Héraclès, si bien qu'on pourrait être tenté de reconnaître ici Héraclès détruisant les vignes de Syleus; mais les peintures de vases qui représentent ce dernier mythe ne nous paraissent pas autoriser cette interprétation (cf. Roscher, *Ausf. Lexicon der Mythologie*, v°. *Héraclès*, col. 2231).

94 (Pl. VII). **Héros thébain dévoré par le Sphinx.** Le monstre ailé, à figure de jeune fille, pose ses quatre pattes sur le corps d'un héros nu, renversé sur le dos, imberbe, qui tient à la main un glaive et paraît essayer de se relever.

Cornaline; tranche en biseau.

Haut., 12 mill.; larg., 9 mill.

Provient de la collection Abati. Comparez le n° 47 ci-dessus; voyez aussi des variantes du même sujet sur des pierres gravées et d'autres monuments reproduits dans J. Overbeck, *Die Bildwerke zum Thebischen und Troischen Heldenkreis,* Atlas, pl. I, fig. 5 et 6.

95 (Pl. VII). **Compagnon de Cadmus tué par le dragon de la grotte de Mars.** Le héros, imberbe, nu, casqué, est accroupi, la tête penchée en avant, et parait expirer; son bouclier est passé à son bras, et l'extrémité du fourreau de son parazonium touche le sol. Le dragon est enroulé autour de l'une de ses jambes et s'apprête à le dévorer. Grènetis au pourtour.

Jaspe noir.

Haut., 11 mill.; larg., 9 mill.

Trouvé à Rome. Voyez ci-après le n° 96.

96 (Pl. VII). **Compagnon de Cadmus tué par le dragon de la grotte de Mars.** Le héros, imberbe, nu-tête, les cheveux retenus par un bandeau, est étendu à terre, se soulevant à peine, la tête penchée en avant, et paraissant expirer. Son bras gauche manque, par suite d'une cassure. Le dragon est enroulé autour d'une de ses jambes et s'apprête à le dévorer. Plus loin, l'œnochoé avec laquelle le héros s'apprêtait à puiser de l'eau à la source gardée par le monstre.

Calcédoine; bord cassé.

Haut., 14 mill.; larg., 13 mill.

Trouvé à Rome.

97 (Pl. VII). **Jason devant la Toison d'or.** Le héros est casqué, debout de profil, la chlamyde sur l'épaule, tenant d'une main

sa lance et son bouclier et portant l'autre main à ses lèvres, dans le geste de la réflexion; il contemple la Toison d'or suspendue aux branches d'un chêne. A ses pieds, l'autel de Zeus Laphystios sur lequel est déposée la tête du bélier jadis sacrifié par Phrixos, frère de Hellé; derrière l'autel s'élève l'arbre autour duquel est enroulé un serpent. Sur l'une des branches de l'arbre est perché un oiseau, et à une autre branche, tout près de la tête du serpent, est suspendue la Toison d'or.

Cornaline; tranche en biseau.

Haut., 11 mill.; larg., 10 mill.

Trouvé à Rome. Le même sujet se trouve sur une pâte de verre antique de la collection de Luynes (E. Babelon, *Le Cabinet des Antiques*, p. 160, nº XII) et sur quelques autres gemmes, avec des variantes (Creuzer, trad. Guigniaut, *Religions de l'Antiquité*, t. III, p. 429, et pl. CLXXI ter). Comparez Chabouillet, *Catalogue*, nº 1792 (Cadmus consultant l'oracle de Delphes).

98 (Pl. VII). **Thésée soulevant le rocher** sous lequel sont cachés le glaive et la sandale de son père. Fragment : il ne reste plus, de cette belle et grande gemme, qu'une portion du rocher et les jambes de Thésée. Sous le rocher, on voit une sandale et un glaive dans son fourreau.

Cornaline.

Haut. du fragment, 15 mill.; larg., 10 mill.

Cette belle gemme est malheureusement très mutilée, mais on peut reconstituer le sujet avec certitude par la comparaison du fragment qui nous reste avec d'autres intailles qui représentent également Thésée retrouvant le glaive et la sandale d'Égée. L'une de ces intailles était dans la collection de Levesque de Gravelle (*Recueil de pierres gravées antiques*, t. II, pl. LIII); une autre, que nous reproduisons ci-contre, faisait partie de la collection du duc Louis d'Orléans (La Chau et Le Blond, *Descript. des pierres gravées*, t. I, pl. LXXXIX). Le sujet comporte, au surplus, d'assez nombreuses variantes (Levesque de Gravelle,

Recueil, t. I, pl. LXIII; Furtwaengler, *Beschreibung der geschn. Steine*, pl. VIII, nos 387 et 388). Voyez aussi le revers d'une monnaie de bronze d'Athènes (Beulé, *Monnaies d'Athènes*, p. 398) et un bas-relief de la villa Albani (Roscher, *Ausf. Lexicon der Mythologie*, t. I, p. 202).

99 (Pl. VII). **Thésée contemplant le glaive de son père.** Le héros est imberbe, nu, debout de face, le visage tourné de côté, pour regarder le glaive dans son fourreau qu'il tient de la main gauche. Du bras droit il est accoudé sur le rocher sous lequel il a trouvé les armes paternelles; sa chlamyde est posée sur le rocher, sous son bras.

Améthyste claire.

Haut., 11 mill.; larg., 8 mill.

Trouvé à Rome. Comparez le célèbre bas-relief de la villa Albani, à Rome, et une pierre gravée analogue dans C. W. King, *Antique gems and rings*, t. II, pl. XLII, fig. 1.

100 (Pl. VII). **Thésée s'apprêtant à revêtir son armure.** Le héros, à l'aspect juvénile, aux muscles vigoureux, est debout de profil, contemplant son glaive qu'il tient des deux mains. Devant lui, son casque posé sur un rocher, et derrière lui, son bouclier. Style grec archaïque; travail d'une grande beauté.

Cornaline; tranche taillée en biseau.

Haut., 19 mill.; larg., 12 mill.

Trouvé à Rome. Cette intaille est une des plus belles de la collection; M. Pauvert de la Chapelle m'a fait part de l'enthousiasme qu'elle excita à Rome parmi les amateurs et antiquaires qui se la disputèrent lors de sa découverte.

101 (Pl. VII). **Ajax portant le corps d'Achille sur son épaule.** Ajax est debout, de profil, barbu, couvert de son armure; le corps d'Achille, aussi tout armé, est inerte sur l'épaule d'Ajax, les bras et les jambes allongés; la flèche fatale est encore fixée à son pied. Le visage d'Achille est imberbe. Travail de l'époque romaine.

Cornaline. Tranche en biseau.

Haut., 14 mill.; larg., 9 mill.

Trouvé près du lac Fucin. Le même sujet est représenté sur d'autres pierres gravées et divers monuments (J. Overbeck, *Die Bildwerke zum Thebischen und Troischen Heldenkreis*, Atlas, pl. XXIII, nos 6 à 9; C. W. King, *Antique gems and rings*, t. II, pl. XLIII, fig. 9; Gori, *Museum Florentinum*, t. II, pl. LXII, fig. 2 et 3; Furtwaengler, *Beschreibung der geschn. Steine*, pl. IX, nos 643 et 647).

102 (Pl. VII). **Dolon s'avançant vers le camp des Grecs.** Le héros troyen, vu de profil, imberbe, marche avec précaution sur la pointe des pieds (à pas de loup), étendant une main en avant et portant de l'autre deux javelots appuyés sur son épaule. Il est coiffé de la peau de loup qui s'étale aussi sur son dos, les pattes de devant étant nouées sur sa poitrine.

Cornaline.

Haut., 18 mill.; larg., 12 mill.

Trouvé à Orviéto. Comparez, pour le mouvement, un Éros signé du graveur Olympios, au musée de Berlin. Furtwaengler, *Beschreibung der geschn. Steine*, pl. VII, n° 351.

103 (Pl. VII). **Oreste et Électre se rencontrant au tombeau d'Agamemnon.** Oreste, nu et imberbe, une chlamyde sur les épaules, tient dans ses mains l'urne funéraire; il regarde Électre debout à côté de lui, drapée, la main ramenée au menton, dans l'attitude de la méditation et de la douleur. Entre le frère et la sœur, le cippe funéraire surmonté d'une colonne. Époque romaine.

Agate rubanée. Tranche en biseau.

Haut., 19 mill.; larg., 12 mill.

Trouvé dans l'Italie méridionale. Comparez : Furtwaengler, *Beschreibung*, pl. XI, n° 798.

104 (Pl. VII). **Othryadès mourant.** Le héros spartiate, nu, barbu, casqué, est renversé à terre, vu de face, se soulevant péniblement en s'appuyant sur son bouclier. D'une main, il montre l'inscription LAC (initiales du nom de Lacédémone) inscrite sur un autre bouclier placé devant lui. Au second plan, on voit un autre héros, sans doute un Argien, barbu, aussi renversé à terre, et un bouclier sur lequel est inscrite la lettre M (?). Excellent travail de l'époque romaine.

Cornaline ; tranche en biseau.
Haut., 12 mill. ; larg., 9 mill.

La légende d'Othyradès, le seul survivant des trois cents Spartiates qui combattaient contre trois cents Argiens pour la possession de Thyreion, a été fréquemment exploitée par les graveurs de pierres fines. Le sujet que nous avons sous les yeux, gravé à l'époque romaine, représente le héros spartiate demeuré seul sur le champ de bataille parmi les morts et les mourants, et écrivant sur un bouclier le nom de sa patrie victorieuse. Sur une autre gemme, au lieu du nom de Lacédémone, Othryadès écrit sur le bouclier le mot VICT (*victoria*). La gemme ci-après (n° 105) représente un autre épisode de la même légende. Pausanias (II, 20, 7) nous apprend qu'un groupe sculptural représentant Othryadès mourant, décorait le fronton du théâtre d'Argos (Bracci, *Memorie degli antichi incisori*, t. I, pl. XXIV ; C. W. King, *Antique gems and rings*, t. II, pl. supplem. V, n° 51 ; Gori, *Museum Florentinum*, t. II, pl. LXI, fig. 4 et pl. LXII, fig. 1 ; S. Reinach, *Pierres gravées*, p. 62 ; E. Babelon, *Le Cabinet des Antiques*, p. 163 ; Furtwaengler, *Beschreibung der geschn. Steine*, pl. IX, n°s 547 à 565).

105 (Pl. VII). **Othryadès mourant.** Le héros spartiate, nu, imberbe, est assis à terre sur un bouclier, la tête inclinée sur sa poitrine ; à son bras gauche est encore son bouclier orné d'une tête de Méduse. Il étend la main droite pour toucher le trophée qu'il vient d'ériger devant lui, en l'honneur de sa patrie, victorieuse des Argiens par son courage.
Cornaline ; tranche en biseau.
Haut., 13 mill. ; larg., 9 mill.

Provient de la collection Abati (voyez la note du n° 104).

106 (Pl. VII). **Le devin Polyidos** (Πολύϊδος) **déposant un sort dans une urne que lui présente un éphèbe.** Le devin corinthien, descendant du fameux Mélampos, est assis sur un rocher, de profil, nu, barbu, les cheveux ceints d'un diadème. De la main droite il dépose un sort (ψῆφος) dans une hydrie placée sur un cippe que soutient devant lui un éphèbe debout, nu et imberbe. Style archaïsant.
Cornaline ; tranche en biseau.
Haut., 19 mill. ; larg., 15 mill.

Acquis à la vente Castellani, à Rome, en 1884 (*Catalogue des objets d'art... de la succession Alessandro Castellani* [par W. Frœhner], vente de Rome, n° 1044. M. W. Frœhner, dans son beau catalogue de la collection Castellani a proposé de reconnaître dans cette scène, un potier à l'ouvrage. Il est préférable, je crois, de la rapprocher de la fable de Polyidos ; d'autres pierres gravées, parmi lesquelles la plus remarquable est dans la collection de Luynes, représentent ce devin retirant Glaucos, fils de Minos, d'un grand vase de miel dans lequel l'enfant était accidentellement tombé en poursuivant une souris (E. Babelon, *Le Cabinet des Antiques*, p. 17, n° XI, et Furtwaengler, *Beschreibung der geschn. Steine*, pl. X, n° 747). Il y a une analogie frappante et caractéristique entre la disposition de cette scène et celle que nous avons ici sous les yeux.

107 (Pl. VII). **Méléagre, fils d'Œnée, vainqueur du sanglier de Calydon.** Le jeune chasseur est debout de profil, en contemplation devant la hure du sanglier posée sur une colonne torse. Il est coiffé du pétase et une chlamyde est jetée sur ses épaules ; il tient d'une main son épieu de chasse ; son chien est assis à ses pieds.

Cornaline ; tranche en biseau.

Haut., 11 mill. ; larg., 9 mill.

Provient de la collection Abati. Comparez d'autres intailles avec des variantes du même sujet (Gori, *Museum Florentinum*, t. II, pl. XXXVI, fig. 3 ; Panofka, *Gemmen mit Inschriften*, pl. I, n° 40 ; Furtwaengler, *Beschreibung der geschn. Steine*, pl. L, n° 6871). Voyez aussi les nombreuses statues de Méléagre (Clarac, *Musée de sculpture*, pl. 805, 806 et 807).

108 (Pl. VII). **Les Héraclides tirant au sort les villes du Péloponnèse.** D'après la légende, les descendants d'Héraclès se partagèrent la souveraineté sur le Péloponnèse, dans les circonstances suivantes, rapportées par Apollodore : « Lorsque les Héraclides furent maîtres du Péloponnèse, ils élevèrent trois autels à Zeus Patroos, et après avoir offert un sacrifice, ils tirèrent les villes au sort. Argos formait le premier lot, Lacédémone le second, et Messène le troisième. On apporta un vase plein d'eau et il fut convenu que chacun y mettrait son suffrage. Téménos et les deux fils d'Aristodème (Proclès et Eurysthénès) y déposèrent des pierres ; Cres-

phonte, voulant avoir Messène, y mit une boule de terre, pour qu'elle se fondît et que les deux autres sortissent les premières. Celle de Téménos sortit d'abord, ensuite celle des fils d'Aristodème, et Cresphonte eut Messène par ce moyen [1]... »

Il faut reconnaître, sur la pierre gravée décrite ici, les trois rois tirant au sort Argos, Lacédémone et Messène. L'un d'eux, baissé, plonge la main dans le grand vase (κάδος) placé à leurs pieds; les deux autres sont debout, tenant leurs boucliers, de chaque côté d'une colonne surmontée d'un sphinx ailé, emblème de l'incertitude du sort; l'un des boucliers est orné d'une tête de Méduse, de face.

Cornaline; tranche en biseau.

Haut., 13 mill.; larg., 11 mill.

Trouvé en Sardaigne. Le même sujet se trouve représenté sur d'autres pierres gravées; Gori (*Mus. Florent.*, t. II, pl. XXIX, n°s 2 et 3) en a publié deux en croyant y reconnaître Achille donnant une urne à Nestor, en souvenir de Patrocle; la collection de Luynes, au Cabinet des Médailles, en renferme une troisième dont nous avons donné la véritable explication (E. Babelon, *Le Cabinet des Antiques,* p. 161-162, n° XIV; le même, *La gravure en pierres fines*, p. 103); voyez aussi : C. W. King, *Antique gems and rings,* t. II, pl. XLII, fig. 11; Dubois, *Descript. des pierres gravées de feu Grivaud de la Vincelle*, p. 42; S. Reinach, *Pierres gravées*, p. 56; Furtwaengler, *Beschreibung*, pl. X, n°s 739 à 741.

109 (Pl. VII). **Héphaestos fabriquant un bouclier.** Le dieu, barbu, nu, coiffé du *pileus,* est assis de profil sur un *scabellum.* D'une main il lève un marteau et frappe sur un bouclier que soutient un éphèbe nu, agenouillé devant lui. Cercle de denticules au pourtour. Bon style.

Cornaline.

Haut., 14 mill.; larg., 11 mill.

Trouvé en Étrurie.

110 (Pl. VII). **Romulus et Rémus allaités par la Louve, en présence de trois bergers.** Faustulus, debout de profil, barbu,

1. Apollod., *Biblioth.*, II, 8, 4; Platon, *Legg.*, III, 684; cf. O. Muller, *Dorier*, I, p. 64, 80.

les jambes croisées, explique à ses deux compagnons attentifs l'aventure merveilleuse dont il vient d'être le témoin; tous trois sont vêtus de la tunique courte ou *colobium*, que portaient ordinairement les Romains de la République comme vêtement de travail. A leurs pieds, la Louve allaitant les Jumeaux; dans le fond, au second plan, le figuier Ruminal sur lequel on distingue nettement un pivert (*picus*), la tête en bas.

Cornaline brûlée.

Haut., 14 mill.; larg., 11 mill.

Provient de la collection Abati. Cette intaille nous semble la plus ancienne et la plus importante de toutes celles qui représentent la même légende. Comparez des variantes du même sujet, notamment dans Lippert, *Dactylioth.*, 2, nos 450 et 452; Gori, *Museum Florentinum*, t. II, pl. LIV, nos 1 à 4; Millin, *Galerie mythologique*, pl. CLXXVIII, no 655.

111 (Pl. VII). **La fondation du Capitole.** Un pontife est debout, de face, sur un monticule, et entouré de quatre personnages; il est barbu, drapé dans sa toge dont il retient les plis de la main gauche ramenée sur sa poitrine, tandis que de la main droite baissée, il tient son bâton augural. A ses pieds, sur le monticule, on distingue nettement la tête humaine ou tête d'un certain Tolus (*caput Toli*) qu'on découvrit, suivant la légende, en creusant les fondations et qui donna son nom au temple dont la construction, en exécution d'un vœu de Tarquin l'Ancien, ne fut achevée qu'après la chute de la royauté. A la droite du pontife, on aperçoit deux statues divines : l'une, sous la forme d'une tête barbue sur un cippe carré, est le dieu Terminus; dans l'autre, qui est aussi barbue et nue, il faut reconnaître le dieu Mars. A la gauche du pontife, se trouvent deux autres personnages : l'un, entièrement nu, d'aspect juvénil, n'est autre que Juventus représenté sous sa forme masculine; le second, barbu et assis, drapé dans sa toge, est un augure qui assiste à la scène en spectateur et écoute l'interprétation donnée par l'autre augure, son compagnon.

No 111 (agrandi).

Cornaline.

Haut., 8 mill. ; larg., 6 mill.

Provient de la collection Abati. L'interprétation de l'intéressante scène que nous venons de décrire ne saurait faire doute, si l'on se rappelle les légendes qui couraient à Rome sur la fondation du Capitole et dont Tite-Live, Denys d'Halicarnasse, Varron et quelques autres auteurs se sont fait l'écho [1]. On racontait non seulement qu'on trouva, en creusant les fondations du temple de Jupiter, la tête fraîchement coupée d'un certain Olus ou Tolus, d'où le nom de Capitole, mais que lorsqu'on voulut déblayer le terrain pour étendre l'emplacement du nouveau temple et exproprier les sanctuaires que les Sabins avaient auparavant érigés en cet endroit, le dieu Terme refusa de se laisser déplacer. Aucune force humaine ne put enlever sa statue ; les augures consultés déclarèrent qu'il fallait respecter la volonté du dieu et reconnaître dans ce prodige un gage de l'inébranlable solidité de la puissance future de Rome. Dans la suite, la légende s'amplifiant, on ajoutait que Mars et Juventus, qui avaient de petits sanctuaires à côté de celui de Terminus, refusèrent aussi de céder la place à Jupiter. Nous devons donc reconnaître, sur notre pierre gravée, ainsi que nous l'avons indiqué, les statues de Terminus, de Mars et de Juventus. Une objection pourrait, toutefois, être faite à cette interprétation : c'est que Juventas ou Juventus était ordinairement une déesse féminine. Mais, à l'époque impériale, au moins, on représentait parfois aussi Juventus sous la forme d'un jeune homme, ainsi que l'attestent notamment les monnaies [2]. Juventus était la divinité particulièrement honorée lorsque les jeunes garçons quittaient, à seize ans, la *toga praetexta* pour revêtir la *toga virilis* ou *libera*, et faire l'apprentissage de la vie publique ; on ne saurait donc s'étonner que la divinité qui présidait à cette entrée dans la puberté fût symbolisée sous l'aspect d'un adolescent vigoureux, tel, en un mot, que nous le montre notre pierre gravée.

112 (Pl. VII). **Les noces d'Éros et de Psyché.** Psyché, ailée, s'avance en donnant la main à Éros qui, les ailes éployées, marche devant elle en se retournant à demi ; le jeune dieu est comme sa compagne chastement enveloppé dans une draperie. Le

1. Tite-Live, I, 55 ; V, 54 ; Dionys. Halic., III, 69 ; Varron, *Ling. lat.*, V, 41 ; Festus, *s. v°* NEQUITUM ; Ovid., *Fast.*, II, 665 ; S. Augustin, *Civ. Dei*, IV, 23 ; Pline, *Hist. nat.*, XXVIII, 2, 4 ; Arnob., VI, 7 ; Servius, *ad Aen.*, VIII, 345 ; Isid. Hisp., XV, 2.

2. Voyez, entre autres, des monnaies de Marc-Aurèle, dans H. Cohen, *Méd. impér.*, 2e édit., t. III, p. 40, n° 394 et note.

groupe est précédé de deux petits Amours nus, qui dansent; l'un porte deux torches renversées, l'autre joue de la flûte. Un vaste *velum* fixé à des branches d'arbres enveloppe la scène par derrière. Grènetis au pourtour.

Cornaline.

Haut., 12 mill.; larg., 16 mill.

Trouvé dans l'Italie méridionale. On peut rapprocher de ce gracieux tableau le camée de la collection Marlborough (dispersée en 1899) qui représente une scène analogue avec la signature de l'artiste Tryphon (Creuzer, trad. Guigniaut, *Religions de l'Antiquité*, pl. XCVIII, n° 408; M. Collignon, *Essai sur les monuments relatifs au mythe de Psyché*, p. 393, n° 95).

113 (Pl. VII). **Éros funèbre,** ailé, debout, de profil, s'appuyant de ses deux bras croisés sur une torche renversée; une légère draperie pend de ses bras jusqu'à terre.

Cornaline; tranche en biseau.

Haut., 7 mill.; larg., 6 mill.

Trouvé à Rome. Comparez : Panofka, *Gemmen mit Inschriften*, pl. I, n° 33.

114 (Pl. VII). **Femme assise tenant un Éros** sur sa main gauche. Les cheveux de la femme, arrangés en chignon, sont retenus par des bandelettes; sa poitrine est couverte d'une draperie légère, et son péplos gonflé par le zéphir forme une sorte de nimbe derrière sa tête et son dos. De la main droite elle retient son vêtement sur sa poitrine; le petit Éros, qu'elle porte assis sur sa main gauche, tient un trident et un rameau. Manque la partie inférieure de la scène par suite d'une cassure. Excellent style.

Cornaline; tranche en biseau.

Haut., 14 mill.; larg., 18 mill.

Trouvé à Palestrina. Don du comte Tyszkiewicz à M. Pauvert de La Chapelle.

115 (Pl. VII). **Bacchus enfant, sur un bouc.** Le jeune dieu tient le thyrse sur son épaule et sa nébride est nouée à son cou; le bouc marche au pas.

Cornaline ; tranche en biseau.

Haut., 9 mill. ; larg., 7 mill.

Trouvé à Rome ; provient de la collection Martinetti.

116 (Pl. VII). **Tête d'Ariadne** ou de Ménade, de profil, ceinte d'une couronne de lierre, les cheveux relevés en chignon.

Jaspe rouge ; cassure sur le bord.

Haut., 11 mill. ; larg., 8 mill.

117 (Pl. VII). **Omphale.** Tête de profil, coiffée de la peau de lion nouée sous le cou. Le haut de la tête a disparu par suite d'une cassure.

Cornaline.

Haut., 15 mill. ; larg., 14 mill.

Trouvé à Rome.

118 (Pl. VIII). **Satyre lyricine.** Il est nu, chauve et barbu, vu de profil, assis sur sa nébride étendue sur un rocher. Il chante en s'accompagnant de la lyre; son thyrse est posé sur le rocher, à côté de lui. Devant le satyre et sur un autre rocher, s'élève un petit temple sous le portique duquel on reconnaît une statue de Dionysos. Dans le champ, ΔΙ, initiales de Διονύσιος, nom de possesseur.

Jaspe brun; tranche en biseau.

Haut., 14 mill.; larg., 11 mill.

Trouvé à Rome. Voyez un sujet analogue sur une gemme du Fitzwilliam Museum, à Cambridge (C. W. King, *Catalogue of colonel Leake's engraved Gems in the Fitzwilliam Museum*, pl. II, fig. 20).

119 (Pl. VIII). **Satyre tibicen** (*Marsyas?*) assis de face, nu, les jambes croisées; il est barbu, chauve, et ses traits sont ceux d'un vieillard, rappelant le type socratique. Il a des pieds humains; deux banderolles s'échappent du siège sur lequel il est assis; dans chacune de ses mains ramenées sur sa poitrine il tient une flûte. Cercle de denticules au pourtour. Bon style.

Cornaline.

Haut., 14 mill.; larg., 12 mill.

Acquis à la vente Alessandro Castellani, en 1884 (*Catalogue des objets d'art... de la succession Alessandro Castellani* [par W. Frœhner], vente de Rome, n° 1002. Comparez : Furtwaengler, *Beschreibung*, pl. XLIX, n° 6833 ; voyez aussi le type identique des monnaies d'Amorgos.

120 (Pl. VIII). **Tête du dieu Pan,** de profil, avec des cornes de bouc, des oreilles de cheval, des cheveux et une barbe hirsutes.

Cornaline. Tranche en biseau.

Haut., 8 mill. ; larg., 6 mill.

Trouvé à Rome.

121 (Pl. VIII). **Priape ithyphallique,** barbu, debout de profil, le haut du corps enveloppé dans une draperie.

Topaze.

Haut., 9 mill. ; larg., 5 mill.

Trouvé à Rome.

122 (Pl. VIII). **Tête de Méduse** de profil, les yeux baissés, les cheveux épais sur les tempes. Le haut de la tête a disparu par suite d'une cassure.

Cornaline. Fragment; travail remarquable.

Haut., 14 mill. ; larg., 10 mill.

Provient de la collection Abati. Comparez le camée ci-après, n° 163.

123 (Pl. VIII). **Victoire dans un bige** allant au pas et présenté de trois quarts. La déesse agite son fouet au-dessus des chevaux. Les bords sont écaillés.

Cornaline ; tranche en biseau.

Haut., 15 mill. ; larg., 14 mill.

Trouvé dans l'Italie méridionale. Provient de la collection Guardabatti, de Pérouse.

124 (Pl. VIII). **Victoire debout,** de profil, tenant une couronne et une palme.

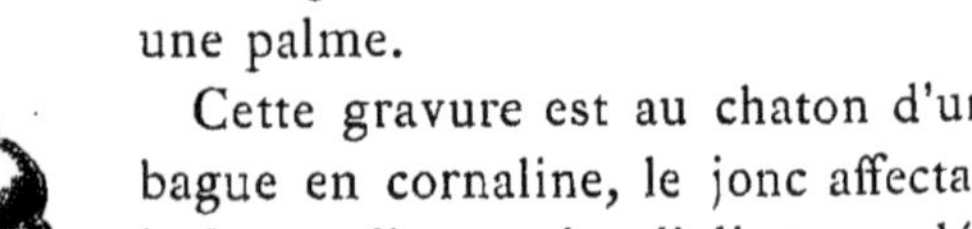

N° 124.

Cette gravure est au chaton d'une bague en cornaline, le jonc affectant la forme d'une suite d'olives soudées les unes aux autres. Fragment; il ne reste plus qu'un quart environ (le chaton et trois olives) du jonc en cornaline.

Long. de la corde, 19 mill.; larg. du chaton, 4 mill.

125 (Pl. VIII). **Deux guerriers conduisant un taureau au sacrifice.** Les personnages sont représentés seulement en buste, et l'on ne voit que la tête du taureau placé entre eux. L'un d'eux, barbu, est coiffé d'un casque à haut cimier, armé du bouclier et de la cuirasse à lambrequins; l'autre, imberbe et nu-tête, tient une lance. Fragmenté. Excellent travail de l'époque romaine.

Cornaline.

Haut., 12 mill.; larg., 10 mill.

Une cornaline de l'ancienne collection Blacas, au Musée britannique, que nous reproduisons ci-contre, représente le même sujet dans son intégralité (C. W. King, *Antique gems and rings,* t. II, pl. XXXVII, fig. 5; Imhoof-Blumer et O. Keller, *Tier und Pflanzenbilder*, pl. XIX, fig. 36).

126 (Pl. VIII). **Masque bachique** de face, avec une torsade sur le front et des pampres sur les tempes. A l'exergue, la signature de l'artiste : ΥΛΛΟΥ. Fragment : le haut de la tête est endommagé par une cassure. Style remarquable.

Cornaline; tranche en biseau.

Haut. du fragment, 13 mill.; larg., 10 mill.

Trouvé dans la campagne romaine, par un cultivateur, des mains duquel cette gemme est passée dans celles de M. Pauvert de La Chapelle. Le graveur Hyllus dont on connaît plusieurs camées et intailles signés, était fils du célèbre Dioscoride, et ses deux frères, Hérophile et Eutychès, gravèrent aussi des gemmes qui nous sont parvenues. M. Furtwaengler constatant de légères différences dans la forme des lettres du mot ΥΛΛΟΥ, avec la signature ordinaire d'Hyllus, conjecture que l'intaille de la collection Pauvert de La Chapelle aurait été exécutée par un artiste autre que le fils de Dioscoride mais portant le même nom (A. Furtwaengler, dans le *Jahrbuch des kais. deut. arch. Instituts,* t. IV. 1889, p. 86). Cette hypothèse nous paraît peu admissible.

127 (Pl. VIII). **Masque de Silène,** de face, le front proéminent, les yeux renfoncés, la barbe hirsute, des pampres sur les oreilles.

Hyacinthe.

Haut., 10 mill.; larg., 8 mill.

Trouvé à Rome.

128 (Pl. VIII). **Masque tragique,** de profil; il est barbu et il a des cheveux courts; les traits du visage sont sillonnés de rides.

Sardoine enfumée.

Haut., 14 mill.; larg., 11 mill.

Trouvé à Rome.

129 (Pl. VIII). **Masque scénique,** de face, imberbe, les cheveux relevés autour du front.

Cornaline.

Haut., 9 mill.; larg., 9 mill.

Provient de la collection Castellani.

130 (Pl. VIII). **Aurige et ses quatre chevaux.** Les chevaux sont alignés à côté d'une colonne; deux d'entre eux dressent la tête, le troisième piaffe du pied; le quatrième mange dans une corbeille ronde la nourriture que lui présente le cocher. Ce dernier, barbu, les jambes nues, vêtu du *colobium,* tient la corbeille devant lui.

Travail rappelant celui des monnaies de la République romaine; comparez notamment les deniers d'Aulus Postumius Albinus qui représentent les Dioscures faisant boire leurs chevaux à la fontaine Juturna [1].

Cornaline pale.

Haut., 16 mill.; larg., 22 mill.

Trouvée dans une tombe archaïque de l'Esquilin, à Rome.

131 (Pl. VIII). Personnage debout, de profil, à cheveux bouclés; il est vêtu d'un manteau étroit qui descend jusqu'au dessous des genoux; une main est ramenée sur la poitrine, et il tient de l'autre un strigile, un bâton et une aryballe; à ses pieds, un chien.

Cornaline d'une nuance remarquable.

Haut., 10 mill.; larg., 8 mill.

1. E. Babelon, *Monnaies de la République romaine*, t. II, p. 379-380.

Provient de la collection Abati. Le sujet, fort curieux, et peut-être satirique, paraît représenter un philosophe revenant du bain.

132 (Pl. VIII). **Discobole.** L'athlète, nu, vu de profil, le corps penché en avant, prend son élan et fait un effort vigoureux pour lancer le disque qu'il tient de la main droite ramenée en arrière, à bras tendu. C'est l'attitude du Discobole de Myron.

Cornaline montée au chaton d'une bague en or.

Dimensions du chaton, 11 mill. sur 9.

Trouvé à Rome. La tête du Discobole est mutilée par suite d'une cassure. Comparez ci-dessus, le nº 87 et Furtwaengler, *Beschreibung*, pl. XXXIII, nº 4560. Sur le Discobole de Myron et ses répliques, voyez surtout : Max. Collignon, *Hist. de la sculpture grecque*, t. I, p. 473.

133. (Pl. VIII). **Athlète** (*Entelle?*) nu, debout de face, armé du ceste; derrière lui, un taureau cornupète. Bon style du Ier siècle de notre ère.

Prime d'émeraude ou plasma.

Haut., 10 mill.; larg., 7 mill.

Provient de la collection Abati. On peut, croyons-nous, songer à reconnaître dans cet athlète armé du ceste, le troyen Entelle représenté après qu'il eut vaincu Darès et assommé le taureau, dans les jeux organisés par Énée en l'honneur de son père (Virg., *Æn.*, V, 389 et suiv.; Hygin., *Fab.*, 273).

134 (Pl. VIII). **Histrion** debout, de face, enveloppé dans une ample draperie, les bras croisés; son visage est couvert d'un masque scénique.

Cornaline. Cassure sur le bord.

Haut., 7 mill.; larg., 5 mill.

Trouvé à Rome. Provient de la collection Depoletti.

135 (Pl. VIII). **Peintre à l'ouvrage.** Il est assis de profil, sur un siège à dossier, et vêtu de la toge. D'une main il tient son pinceau qu'il promène sur un tableau posé devant lui sur un chevalet à trois pieds (ὀκρίβας, *canteriolus, vara*).

Cornaline; tranche en biseau.

Haut., 8 mill.; larg., 7 mill.

Provient de la collection Abati. Comparez des peintures de Pompéi : Th. Schreiber, *Kulturhistor. Bilder Atlas*, pl. VIII, fig. 2 et pl. IX, fig. 3 ; Hugo Blumner, *Technologie und Terminologie der Gewerbe und Künste bei Griechen und Römern*, t. IV, p. 460 ; Paul Girard, *La peinture antique*, p. 259, fig. 156.

136 (Pl. VIII) **Orfèvre** (*caelator*) ciselant un vase. L'artiste est nu, barbu, la tête ceinte d'un bandeau ; il est assis sur un siège et tient, de la main droite baissée, un petit marteau à long manche, tandis que de la main gauche il appuie son ciselet sur l'une des anses d'une grande oenochoé placée devant lui sur un degré. Le pied, la panse et le col de l'oenoçhoé sont décorés de cannelures que coupe par leur milieu une large zône où figurent divers personnages en relief.

Une portion de la gemme est mutilée, mais, en face du *cælator* que nous venons de décrire, on aperçoit encore la jambe, le bras et un peu du visage d'un autre artiste qui lui faisait pendant et ciselait la seconde anse du même vase.

Au pourtour, une rangée de denticules.

Jaspe sanguin, tacheté. Excellent style grec.

Haut., 27 mill. ; larg., 24 mill.

M. Pauvert de La Chapelle me propose, peut-être avec raison, de reconnaître dans cet artiste ciselant un vase, Vulcain lui-même ; les monnaies de Lipari sur lesquelles figure la tête de Vulcain avec des traits pareils à ceux de notre personnage, autorisent cette ingénieuse hypothèse.

Cette belle gemme, dont il manque malheureusement près de la moitié, a été trouvée dans une vigne auprès de la porte Saint-Jean de Latran, à Rome. Elle fut achetée par Abati qui la céda ensuite à M. Pauvert de La Chapelle qui, dans l'une de ses lettres, me la qualifie avec raison de « splendide *radicellato* ». On a souvent reproduit la pierre gravée de l'ancien fonds du Cabinet des médailles qui représente un orfèvre ciselant les cannelures torses d'un canthare (Chabouillet, *Catalogue*, nº 1900 ; *Dictionn. des Antiq. gr. et rom.* de Daremberg et Saglio, vº *Caelatura*, p. 792, fig. 943) ; une autre gemme non moins célèbre se rattache plus étroitement à celle de la collection Pauvert de La Chapelle puisqu'elle représente, comme elle, un orfèvre ciselant l'anse d'une œnochoé (*Dictionn. des antiq.*, art. *Aurifex*, p. 571, fig. 662 ; Hugo Blumner, *Technologie und Terminologie der Gewerbe und Künste bei Griechen und Römern*, t. III, p. 223, fig. 34).

137 (Pl. VIII). **Griffon couché,** de profil, les pattes en avant, les ailes recroquevillées. Bon style hellénistique.

Agate rubanée; tranche en biseau.

Haut., 20 mill.; larg., 14 mill.

Trouvé à Rome.

138 (Pl. VIII). **Griffon debout,** les ailes éployées et détournant la tête; il lutte contre un serpent enroulé autour de ses deux pattes de devant. Cercle de denticules au pourtour.

Jade. Surface bombée.

Haut., 20 mill.; larg., 13 mill.

Trouvé dans les Marches. Un camée de l'ancien fonds du Cabinet des médailles, bien souvent publié, représente le même sujet (E. Babelon, *Catalogue des camées*, p. 90, n° 182).

139 (Pl. VIII). **La Chimère,** couchée, de profil, dressant ses trois têtes de lion, de bouquetin et de serpent, et tenant entre ses pattes de devant une tête de bélier.

Cornaline; tranche en biseau, écaillée.

Haut., 12 mill.; larg., 10 mill.

Trouvé à Rome. (Voyez, ci-dessus, le n° 46).

140 (Pl. VIII). **Sphinx** assis, de profil.

Cornaline; tranche en biseau.

Haut., 11 mill.; larg., 10 mill.

Trouvé à Rome.

141 (Pl. IX). **Sphinx** assis, de profil. Fragment d'une gemme de très grandes dimensions : il ne reste qu'une partie des ailes et l'arrière-train de l'animal. Au pourtour, un double listel circulaire.

Sardonyx à trois couches, brune, bleuâtre et brune. La tranche est forée d'un petit trou qui traverse la gemme de part en part.

Haut. du fragment, 51 mill.; larg., 32 mill.

142 (Pl. IX). **Lion** bondissant.

Cornaline. Tranche en biseau.

Haut., 9 mill.; larg., 7 mill.

Trouvé à Rome.

143 (Pl. IX). **Loup** couché et dormant, ses pattes de devant avancées.

Prase; tranche en biseau arrondi.

Haut., 10 mill.; larg., 7 mill.

Provient de la collection Abati.

144 (Pl. IX). **Laie,** de profil, marchant. Cercle de denticules au pourtour.

Cornaline.

Haut., 13 mill.; larg., 10 mill.

Trouvé à Rome. Comparez un type analogue sur d'autres gemmes : C. W. King, *Antique gems and rings*, t. II, pl. LIII, fig. 5 et pl. LIV, fig. 3; Imhoof-Blumer et O. Keller, *Tier und Pflanzenbilder,* pl. XX, fig. 2; Furtwaengler, *Beschreibung*, pl. XXXIX, n° 5564.

145 (Pl. IX). **Vache,** de profil, marchant lentement.

Cornaline.

Haut., 16 mill.; larg., 14 mill.

Trouvé à Rome. Comparez, entre autres : Chabouillet, *Catalogue,* n° 1964; Furtwaengler, *Beschreibung,* pl. VII, n° 357.

146 (Pl. IX). **Bélier,** de profil; devant sa tête, un épi et un grain de blé. En haut, dans le champ, les lettres L · F · A, initiales du nom du possesseur de la gemme.

Cornaline; tranche en biseau.

Long., 11 mill.; larg., 9 mill.

Trouvé à Rome. Comparez : Gori, *Museum Florentinum,* t. II, pl. XCI, n°s 3 et 6.

147 (Pl. IX). **Sphinx criocéphale,** couché, de profil. La tête seule est celle du bélier; le corps, la queue et les pattes sont du lion.

Cercle de denticules au pourtour.

Calcédoine claire.

Haut., 11 mill.; larg., 8 mill.

Provient de la collection Martinetti.

148 (Pl. IX). **Tête de bélier** de profil, tenant un épi dans sa gueule. Bord fragmenté.

Cornaline; tranche en biseau.
Haut., 10 mill.; larg., 7 mill.

Trouvé à Rome.

149 (Pl. IX). **Tête d'aigle,** de profil.
Cornaline.
Haut., 14 mill.; larg., 19 mill.

Trouvé à Rome. Comparez l'intaille qui porte une tête d'aigle analogue et sur laquelle un graveur moderne a ajouté la signature de l'artiste Scylax (C. W. King, *Antique gems and rings*, t. II, pl. LIV, fig. 6).

150 (Pl. IX). **Tête d'homme âgé,** imberbe, de profil, les cheveux courts. Excellent portrait qui rappelle les effigies monétaires d'Antiochus Ier, roi de Syrie.
Cornaline; tranche en biseau.
Haut., 10 mill.; larg., 8 mill.

Provient de la collection Abati.

151 (Pl. IX). **Tête de Marcus Claudius Marcellus,** imberbe, les cheveux courts, de profil. Cassure à l'œil. Dans le champ, les lettres F A L, initiales d'un nom de possesseur. Excellent portrait.
Cornaline; tranche en biseau.
Haut., 13 mill.; larg,, 10 mill.

Cette belle gemme fut achetée à Paris, à l'hôtel Drouot, par le comte Tyszkiewicz qui la donna plus tard à l'avocat romain Lovatti; des mains de ce dernier elle passa dans celle de Martinetti qui la vendit à M. Pauvert de La Chapelle. La collection Tyszkiewicz renfermait un autre portrait de Marcellus, en intaille sur une sardoine orientale, publiée par M. W. Frœhner (*La collection Tyszkiewicz*, pl. XXIV, fig. 5). Les traits de M. Claudius Marcellus, le célèbre vainqueur de Syracuse, qui déconcerta les plans d'Archimède, forment le type de deniers frappés par l'un de ses descendants, vers l'an 45 avant J.-C. (E. Babelon, *Monnaies de la République romaine*, t. I, p. 352; Bernoulli, *Römische Ikonographie,* t. I, p. 29).

152 (Pl. IX). **Tête d'homme âgé,** imberbe, les cheveux courts, de profil. Le derrière de la tête et le cou manquent par suite d'une cassure. Portrait remarquable qui rappelle l'effigie de Jules César.

Améthyste claire.

Haut., 13 mill. ; larg., 7 mill.

Trouvé à Rome.

153 (Pl. IX). **Tête d'adolescent,** de profil, imberbe, les cheveux courts, une draperie sur le cou. Style remarquable.

Cornaline.

Haut., 11 mill. ; larg., 10 mill.

Provient de la collection Martinetti.

154 (Pl. IX). **Tête d'adolescent,** de profil, légèrement barbu, les cheveux courts. Beau portrait.

Cornaline ; tranche en biseau.

Haut., 17 mill. ; larg., 13 mill.

Trouvé à Rome.

155 (Pl. IX). **Buste de femme,** de profil, les cheveux ramenés sur les tempes, le chignon retenu par des bandelettes ; le cou est drapé. Le haut de la tête manque par suite d'une cassure.

Style grec de la plus grande pureté.

Cornaline.

Haut., 16 mill. ; larg., 15 mill.

Provient d'Athènes. Le travail exquis de cette gemme rend par dessus tout regrettables les cassures qui empêchent, à première vue, de l'apprécier à sa véritable valeur artistique.

156 (Pl. IX). **Buste de femme**, de profil, les cheveux retenus par des bandelettes, le cou drapé.

Émeraude ; revers bombé.

Haut., 6 mill. ; larg., 4 mill.

Provient de la collection Abati.

157 (Pl. IX). **Profil de femme,** la tête enveloppée d'un voile. Fragment très ténu ; il ne reste qu'une portion du visage et de la tête, mais le style en est exquis, le profil d'une pureté idéale.

Grenat.

Haut., 10 mill.; larg., 4 mill.

« J'aime passionnément, m'écrit M. Pauvert de La Chapelle, ce profil de jeune fille. Il y a dans ce misérable morceau de grenat, une poésie, un je ne sais quoi qui enchante. »

158 (Pl. IX). **Buste de femme voilée,** de profil. Fragment : il ne reste plus que la partie postérieure de la tête et des épaules, qui rappelle les têtes voilées de Déméter. Sous le buste, on lit le commencement de la signature du graveur de la gemme : **ΣΩΣ**... (Σωστράτου).

Grenat.

Haut. du fragment, 24 mill. ; larg., 10 mill.

Trouvé par un paysan dans la campagne romaine. La signature du graveur Sostratos est regardée comme authentique sur un camée de la collection de Naples, qui a appartenu à Laurent de Médicis, et qui représente Eos ou Niké dans un bige au galop (Furtwaengler, dans le *Iahrbuch des deut. kais. arch. Instituts*, t. III, pl. XI, fig. 8 et t. IV, p. 62). Sur le fragment d'intaille de la collection Pauvert de La Chapelle, les lettres ΣΩΣ... sont bien authentiques et ne peuvent, étant données les circonstances de la trouvaille, avoir été ajoutées à l'époque moderne. La signature de Sostratos a été, en revanche, gravée par une main moderne sur plusieurs autres gemmes, notamment sur un camée du Musée Britannique (*Catalogue of gems*, n° 2309) et sur un fragment de camée de l'ancienne collection de Stosch (H. Brunn, *Geschichte der griech. Kunstler*, t. II, p. 585 ; A. Furtwaengler, dans le *Iahrbuch des arch. Instituts*, 1889, t. IV, p. 62-63).

159 (Pl. IX). Fragment d'intaille ; il ne reste qu'un morceau de draperie (?) et la signature de l'artiste : [ΑΠ]ΟΛΛΩΝΙΟΥ.

Cornaline.

Haut., 11 mill. ; larg., 6 mill.

« Je trouvai l'an passé, m'écrit M. Pauvert de La Chapelle, ce fragment de cornaline, parmi les pierres laissées par l'antiquaire Martinetti, que son frère m'avait prié de mettre en ordre et d'estimer. » On lit la signature du graveur Apollonios sur une améthyste du musée de Naples qui représente une Diane chasseresse debout sur un rocher (A. Furtwaengler, dans le *Iahrbuch des deut. arch. Instituts,* t. III, 1888, p. 320-321).

160 (Pl. IX). **Squelette debout, de face,** la main gauche sur la hanche et s'appuyant du bras droit sur un long bâton auquel est suspendue une aryballe. Dans le champ, à droite, une

amphore ceinte d'une guirlande de fleurs et au-dessus de laquelle vole le papillon, image de l'âme. En légende, on lit le nom du possesseur de la bague : POLIO.

Disque en argent, ayant servi de chaton de bague.

Haut., 14 mill.; larg., 12 mill.

Trouvé à Rome. Publié par Georges Treu, *De ossium humanorum larvarumque apud antiquos imaginibus* (Berlin, 1874), p. 33-34; et par Edmond Le Blant, dans les *Mélanges d'archéol. et d'histoire* de l'École française de Rome, VIIe année, 1887, p. 253. Dans le mot POLIO, le P non fermé, observe Edmond Le Blant, est une marque d'antiquité. « C'est un gracieux ouvrage, ajoute le même savant, exécuté au premier siècle et du type bachique familier aux anciens. Il rappelle une pierre gravée célèbre, publiée autrefois par Buonarroti, et qui porte avec un squelette, un papillon et un vase, l'inscription ΚΤΩ ΚΡΩ (Buonarroti, *Frammenti di vetri antichi*, p. 193). Dans la même série se place un onyx rubané, encore inédit, que possède M. Walter Fol. Un squelette y est gravé, debout, tenant de la main gauche une coupe et ayant près de lui une amphore. » Edmond Le Blant a démontré que les nombreuses représentations de squelettes humains sur les monuments païens se rattachent aux doctrines épicuriennes et sont une sorte d'invitation à jouir de tous les plaisirs de la vie avant que notre être devienne un misérable squelette. Aux lampes et autres monuments cités par Le Blant, il faut joindre les célèbres gobelets en argent du trésor de Bosco reale, sur lesquels on voit des squelettes et des philosophes tels que Zénon, Ménandre et Épicure accompagnés d'inscriptions parmi lesquelles celles-ci, qui viennent bien à l'appui de la théorie d'Edmond Le Blant : Ζωὴ μετάλαβε, τὸ γὰρ αὔριον ἄδηλόν ἐστι « Jouis pendant que tu es en vie, car le lendemain est incertain » ; Τέρπε ζωὴ σεαυτὸν « réjouis-toi, pendant que tu es en vie » ; Τό τέλος ἡδονή « la jouissance est le bien suprême » (A. Héron de Villefosse, *Le trésor de Bosco reale*, dans les *Monuments Piot*, t. V, 1899, p. 58 à 67). Citons encore une pierre gravée de la collection de Florence (*Museum Florentinum*, t. I, pl. XCI, fig. 3; Dubois, dans la *Revue archéologique*, 1845, p. 487) qui représente Silène jouant de la double flûte et faisant danser un squelette; et diverses autres gemmes publiées par Raspe, *Catalogue raisonné des empreintes de Jacques Tassie*, t. II, pl. XLVIII, n° 8225; C. W. King, *Antique gems and rings*, t. II, pl. XXXVI, fig. 2, 7, 8 et 9; Creuzer, trad. Guigniaut, *Religions de l'Antiquité*, pl. CCLXII, fig. 959; Furtwaengler, *Beschreibung der geschnitt. Steine im Antiquarium zu Berlin*, pl. XLV, n° 6518.

VI

CAMÉES

161 (Pl. X). **Tête imberbe,** presque de face. Les cheveux longs et plats, disposés à l'égyptienne, en stries régulières, sont retenus par un bandeau et recouvrent les oreilles et les joues.

Cette tête en relief, de travail étrusque, a été gravée au dos d'un scarabée : on l'a substituée à la carapace de l'animal. La base devait porter une gravure en intaille, comme tous les scarabées ou scarabéoïdes; mais elle a disparu, le trou qui traversait la gemme l'ayant fait éclater.

Jaspe brun foncé.

Haut., 16 mill. ; larg., 12 mill.

Trouvé à Civita Castellana. Comparez les scarabéoïdes décrits ci-dessus, sous les nos 45, 64, 70, 72, 76 et 80.

162 (Pl. X). **Poseidon et Amymone.** Fragment d'un camée en pâte de verre. Dans le champ, la signature fragmentée de l'artiste, Aulus, fils d'Alexas :

. . . OC
. . . ΞA
. . OIЄI

Il ne reste, des deux personnages, que le bas du corps de la nymphe, une jambe de Poseidon le pied levé sur le rocher, et l'outre renversée.

Pâte de verre bleu et blanc.

Haut. du fragment, 19 mill.; larg., 21 mill.

Le sujet dont la pâte de verre de la collection Pauvert de La Chapelle ne conserve malheureusement qu'une faible partie, peut être reconstitué à coup sûr, grâce à une autre pâte semblable, mais bien complète qui, de la collection Barberini est passée au Musée Britannique : nous en donnons ci-dessus (p. 59) la reproduction. Poseidon tenant son trident est debout devant Amymone, qu'il vient de surprendre et qui a laissé tomber son hydrie à terre. Derrière la nymphe, on lit la signature de l'artiste :

ΑΥΛΟϹ
ΑΛΕΞΑ
ЄΠΟΙЄΙ

Cette signature qui peut, ainsi, être complétée, avec certitude, sur le fragment Pauvert de La Chapelle, nous apprend que l'artiste Aulus était fils d'Alexas. On connaît plusieurs autres gemmes, du premier siècle de notre ère, signées du graveur Aulus. Il en existe une aussi, au Musée britannique qui, signée d'Alexas, nous apprend que le père d'Aulus se livrait lui-même à la gravure des pierres fines. Enfin, un fragment de camée, du musée de Florence, signé : ΚΟΙΝΤΟϹ ΑΛΕΞΑ ЄΠΟΙЄΙ, nous fait connaître un autre fils d'Alexas, Quintus, qui exerçait la même profession que son père et son frère.

Le sujet de Poseidon surprenant la nymphe Amymone au moment où celle-ci puisait de l'eau à une fontaine, a été souvent traité dans l'art antique, particulièrement en glyptique où il présente des variantes. La pâte de verre du Musée britannique et celle de la collection Pauvert de La Chapelle ont été exécutées dans l'antiquité, d'après la même intaille. (*British Museum. Catalogue of gems*, nº 616 ; A. Furtwaengler, dans le *Jahrbuch des kaiserl. deutsch. archaeol. Instituts*, t. IV, 1889, p. 51 et 57; E. Babelon, *La gravure en pierres fines*, p. 166; J. Overbeck, *Kunstmythologie. Poseidon*, Gemmentafel III; C. W. King, *Antique gems*, t. II, pl. XIII, fig. 2 et 3).

163 (Pl. X). **Tête de Méduse,** de profil, à gauche, avec des ailerons aux tempes et des serpents noués au-dessus du front; les cheveux sont nattés autour des tempes et noués en chignon. Les yeux baissés et à demi-clos, la tête inclinée en avant, donnent à cette figure une expression d'infinie douceur que rehausse encore l'idéale pureté des traits. Devant le visage, on lit en creux la signature de l'artiste : ΔΙΟΔΟΤΟΥ.

Nº 163 (agrandi).

Camée ovale. Sardonyx à trois couches : jaune-roux pour les ailerons, blanche pour la tête et le

163 – Sept 65 – ni plus de mention de cassure autre que celle de la [illegible] transversale – Or il est actuellement cassé en 2 morceaux et mis dans de la plastiline, elle-même dans une monture [illegible] de la forme du camée – la cassure passe sous le [illegible] de la tête et remonte dans les cheveux – cette cassure app[illegible] dans le guide des pierres gravées de 1930 – et sur la photo de 19[illegible] cliché 61 – A 1053 –

visage, brun-clair pour le fond. Au revers, une rainure transversale est le reste d'un trou dont la tranche de la gemme fut percée primitivement de part en part.

Haut., 16 mill.; larg., 13 mill.

Trouvé dans la campagne romaine et acheté par M. Pauvert de La Chapelle de Martinettî qui le tenait d'un certain Checco, marchand de tabac sur la place Barberini (Tyszkiewicz, dans la *Revue archéologique*, t. I de 1896, p. 13). La rainure que nous avons signalée au revers de la gemme démontre, sans conteste, qu'il s'agit ici d'un ancien scarabée ou scarabéoïde retravaillé et transformé par Diodote. M. Pauvert de La Chapelle s'exprime ainsi à ce sujet : « Diodotos se servit pour son camée d'une pierre travaillée par un autre artiste bien longtemps avant lui. Le revers de ce camée a une forte rainure qui ne laisse pas le moindre doute à cet égard. Notre artiste sacrifia un scarabéoïde entièrement foré, peut-être un scarabée ou une de ces boules de collier que les antiquaires romains appellent d'ordinaire *vago di collana*. L'aile rouge qui se détache sur la tête complètement blanche, fait comprendre que Diodotos se soit attaché à une pierre dont il pouvait tirer un si grand parti. La rainure rendant l'onyx assez fragile, surtout sur les bords, il jugea prudent d'ajouter à la coiffure une boucle de cheveux tout à fait superflue. »

Quoi qu'il en soit, le camée est un des plus beaux que nous ait légués l'antiquité ; la signature de l'artiste est au dessus de tout soupçon. On ne saurait se lasser d'admirer ce petit chef-d'œuvre d'un artiste qui vivait au commencement de notre ère et dont nous ne connaissons pas d'autres gravures (A. Furtwaengler, dans le *Iahrbuch d. kais. arch. Instituts*. t. IV, 1889, p. 63 ; E. Babelon, *La gravure en pierres fines*, p. 172).

164 (Pl. X). **Némésis.** Elle est de face, avec de grandes ailes recroquevillées ; deux serpents émergent au dessus de sa tête ; elle en tient deux autres dans ses mains baissées. Le bas du corps manque, à partir de la taille, par suite d'une cassure.

Camée. Fragment ; la tranche est percée d'un petit trou.

Sardoine à deux couches, blanche et translucide.

Haut., 13 mill. ; larg., 20 mill.

Trouvé à Rome. Comparez les représentations ordinaires des Furies.

165 (Pl. X). **Tête de femme voilée,** de profil. Fragment de camée, sans fond.

Sardoine à trois couches translucides : brune, blonde et rouge.

Haut., 18 mill. ; larg., 18 mill.

Trouvé à Rome.

166 (Pl. X). **Tête de femme, voilée et diadémée,** de profil. Fragment de camée, sans fond.

Cornaline.

Haut., 16 mill. ; larg., 15 mill.

Trouvé à Rome.

167 (Pl. X). **Buste d'empereur romain** couvert de son armure. Fragment de camée ; il ne reste plus que l'épaule droite sur laquelle est agrafé le *paludamentum,* et une portion du buste cuirassé. Sur la poitrine est ramenée la main gauche qui tient un petit globe entre l'index et le médius.

Sardoine jaunâtre, enfumée.

Haut. du fragment, 45 mill. ; larg., 38 mill.

Trouvé en France.

FIN DU CATALOGUE

TABLE DES MATIÈRES

Le Puy-en-Velay. — Imprimerie Régis Marchessou, boulevard Carnot, 23.

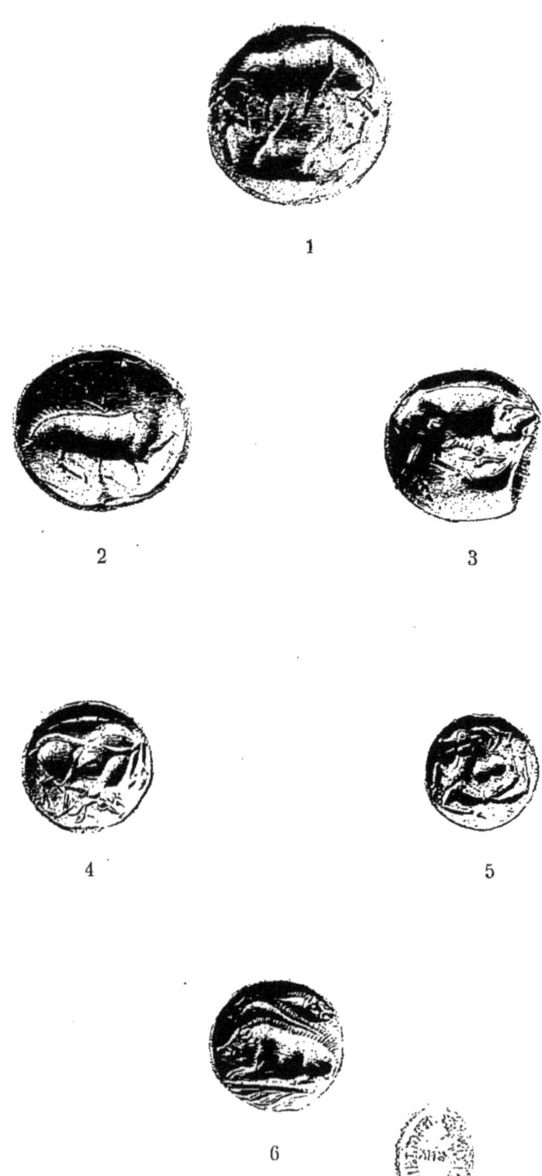

1

2 3

4 5

6

INTAILLES DE L'ÉPOQUE MYCÉNIENNE

Phototypie Berthaud, Paris.

7

8

9

10

11

CYLINDRES ORIENTAUX

12

13

14

15

16

17

18

CYLINDRES ORIENTAUX

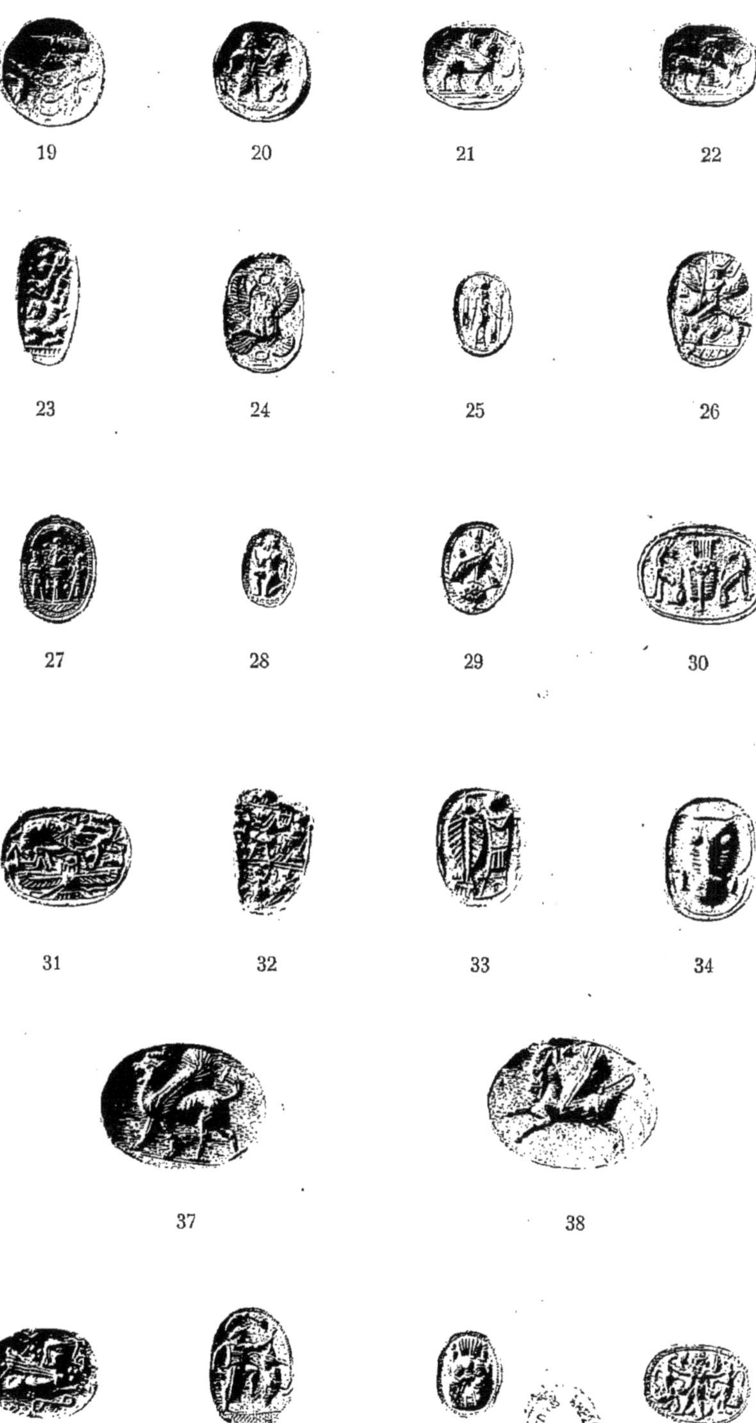

19 20 21 22

23 24 25 26

27 28 29 30

31 32 33 34

37 38

35 36 39 40

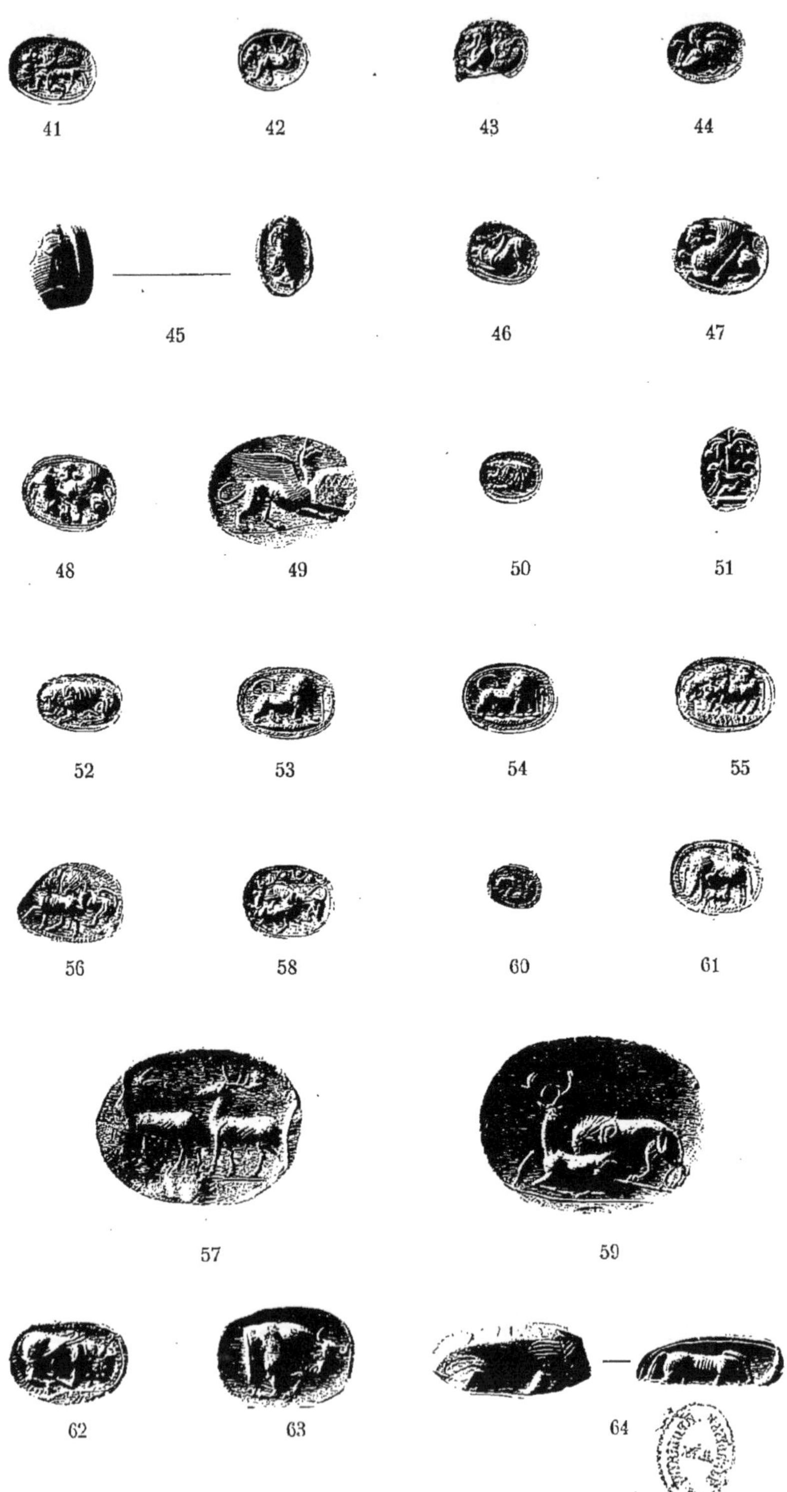

Scarabées et scarabéoides

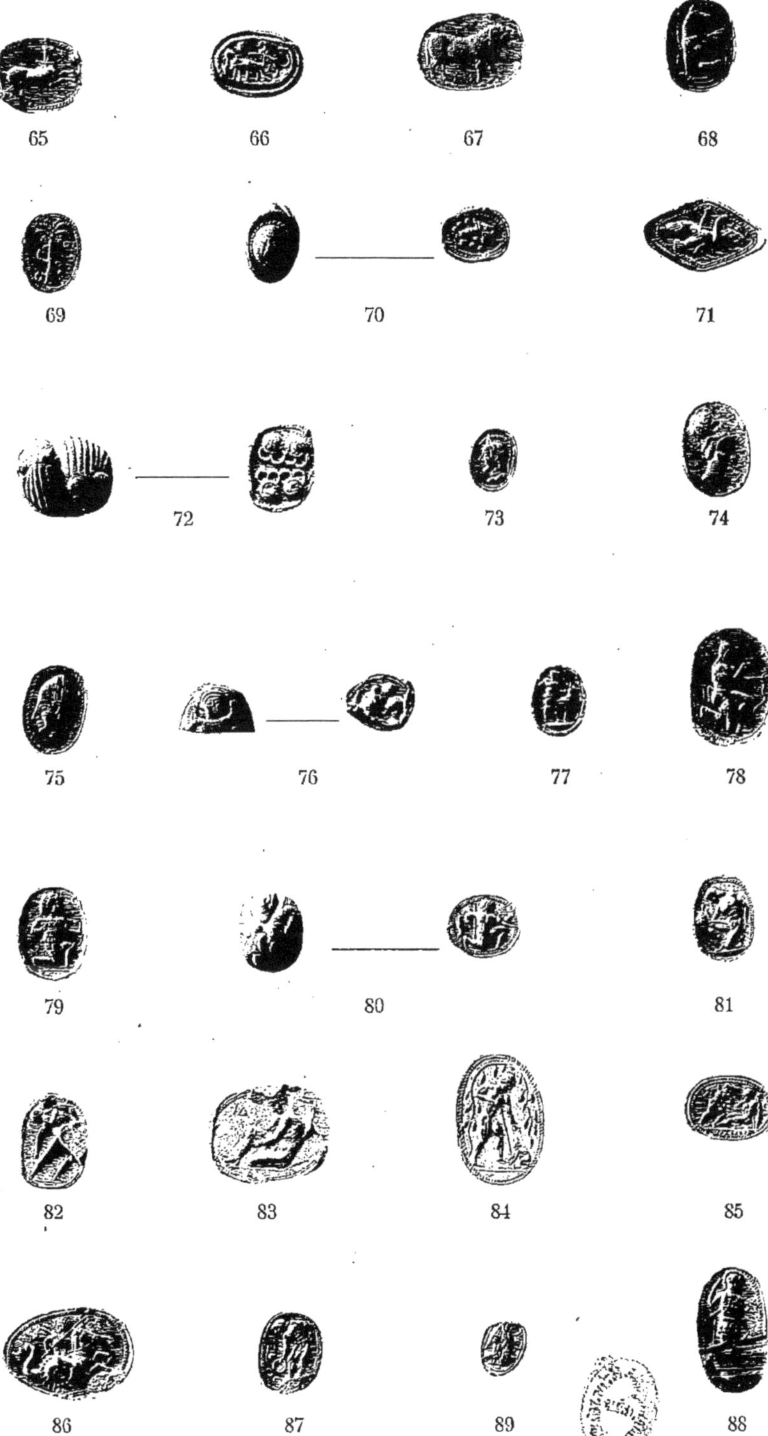

65 66 67 68

69 70 71

72 73 74

75 76 77 78

79 80 81

82 83 84 85

86 87 89 88

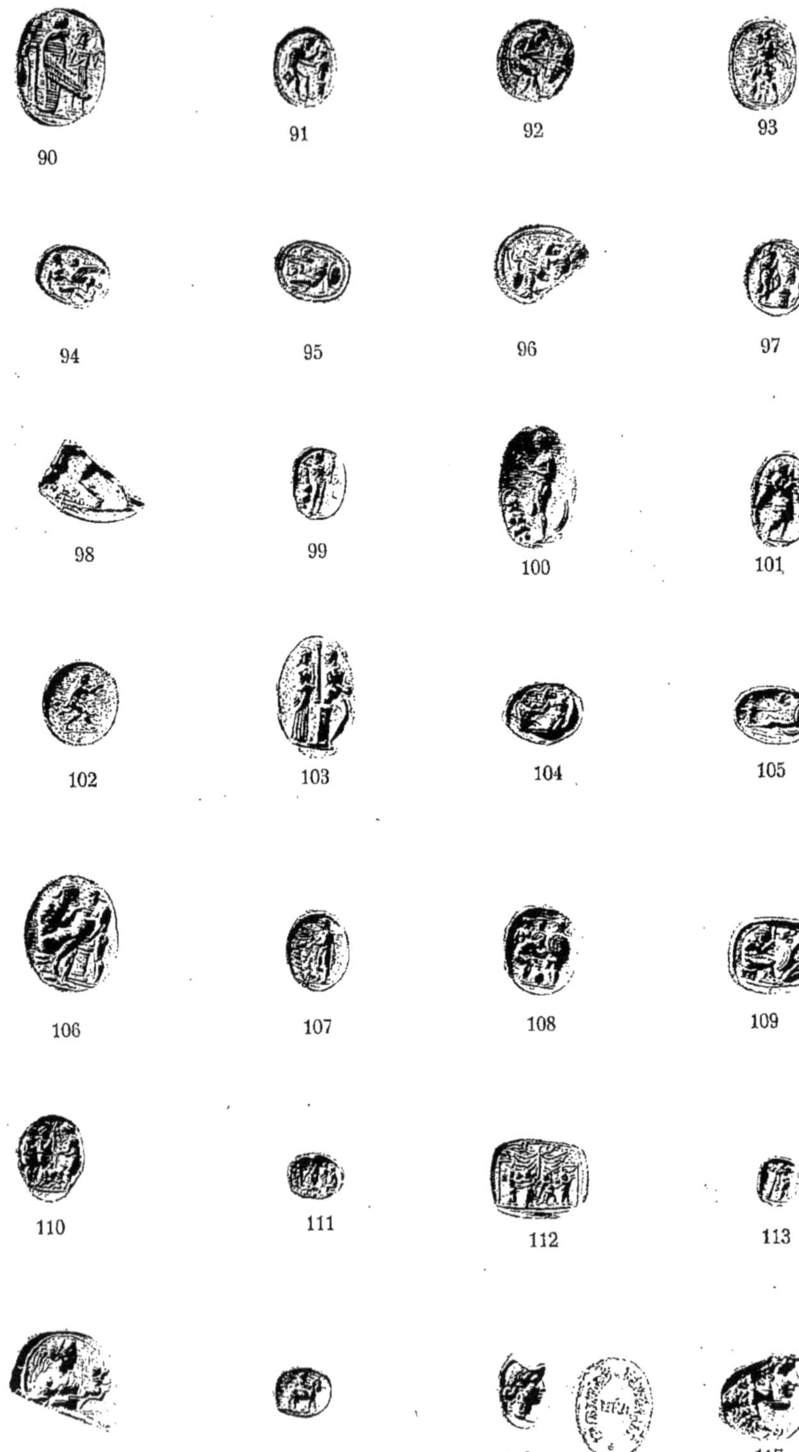

INTAILLES A REVERS PLAT

118  122  123

119  120  125

126  130  128

121  127  131  124

137  129  138

132  136  133

140  134  135 139

INTAILLES A REVERS PLAT

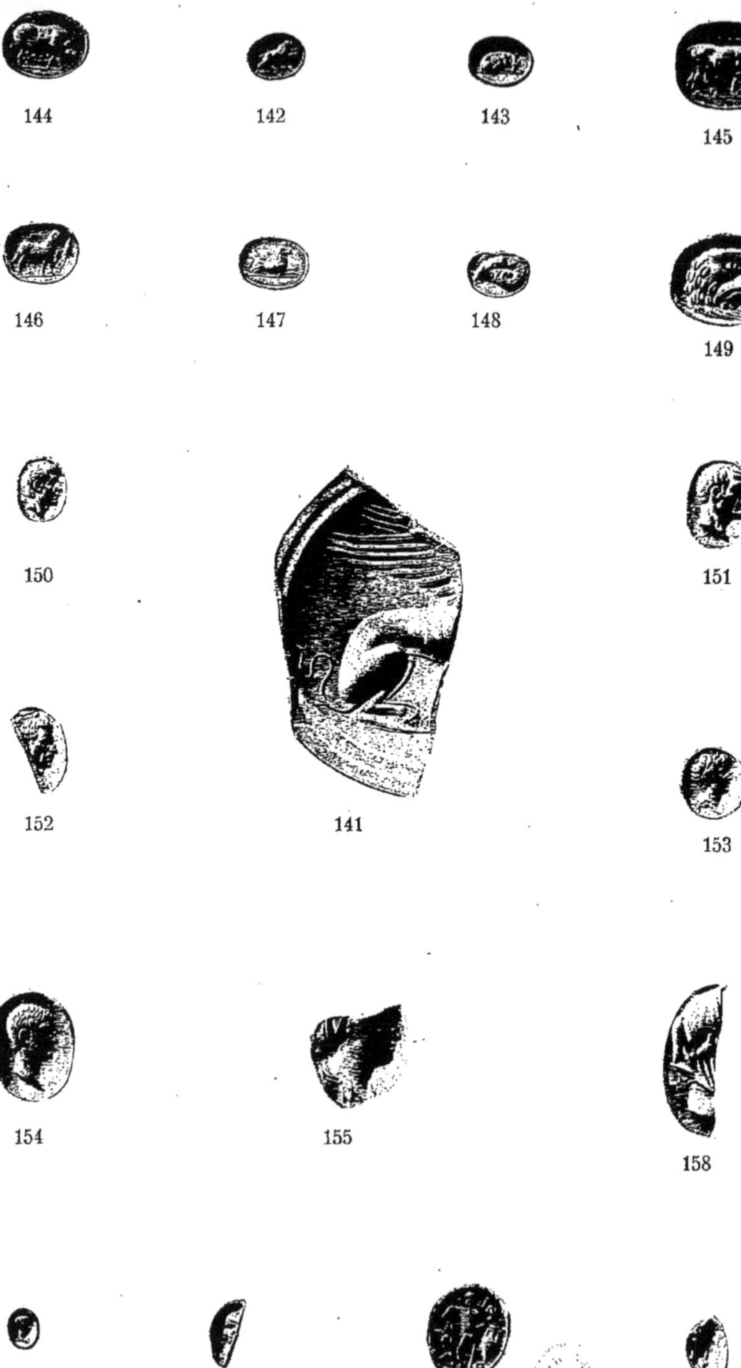

INTAILLES A REVERS PLAT

161

162

164

163

165

166

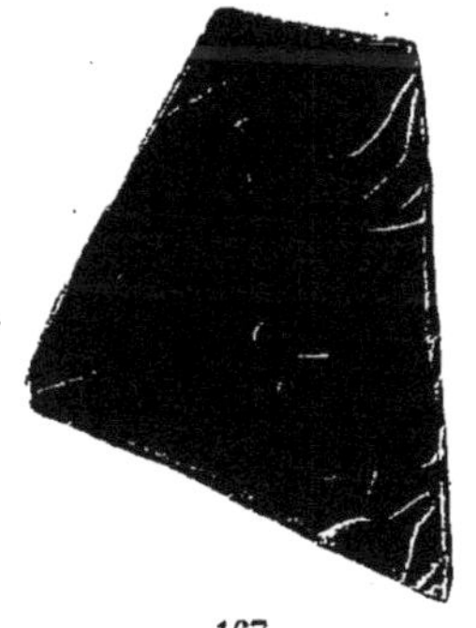

167

CAMÉES

Phototypie Berthaud, Paris.

www.ingramcontent.com/pod-product-compliance
Ingram Content Group UK Ltd.
Pitfield, Milton Keynes, MK11 3LW, UK
UKHW020327250726
13967UKWH00004B/1902

9 782013 058797